CÓMO
NO MATAR
TUS PLANTAS

Penguin
Random
House

Edición Toby Mann

Edición de arte sénior Alison Gardner

Diseño Rehan Abdul, Karen Constanti

Apoyo editorial
Alice Horne, Tia Sarkar

Diseño de cubierta Alison Gardner

Dirección creativa de ventas especiales
Alison Donovan

Preproducción, producción Robert Dunn

Producción de impresión Ché Creasey

Apoyo técnico creativo
Sonia Charbonnier

Dirección editorial Dawn Henderson

Dirección editorial de arte
Marianne Markham

Dirección de arte Maxine Pedliham

Dirección de publicaciones
Mary-Clare Jerram

Ilustraciones Debbie Maizels

Fotografía Will Heap

DK Delhi

Dirección de preproducción
Sunil Sharma

Diseño digital sénior
Pushpak Tyagi

Edición española

Servicios editoriales smarted

Traducción Mercè Diago Esteva

© Traducción al español
2017 Dorling Kindersley Limited

Publicado originalmente
en Gran Bretaña en 2017 por

Dorling Kindersley Limited,
80 Strand, London WC2R ORL

Título original
How Not To Kill Your Houseplant

Primera edición 2018

ISBN: 978-1-465-47378-3

Impreso y encuadernado en China

www.dkespañol.com

CÓMO NO MATAR TUS PLANTAS

Trucos de supervivencia **PARA APRENDICES DE HORTICULTOR**

Veronica Peerless

CONTENIDO

Esta sección ofrece detalles para el cuidado específico de 119 plantas e incluye toda la información necesaria para analizar y solucionar los problemas que surjan.

Las 5 mejores plantas para:

El escritorio *págs. 46-47* • Rincones soleados *págs. 66-67* • El cuarto de baño *págs. 86-87* • Poca luz *págs. 106-107* • La sala de estar *págs. 126-127*

¿CUÁL ES TU PLANTA?

BROMELIA FASCIADA
Aechmea fasciata
págs. 34-35

CULANTRILLO
Adiantum raddianum
págs. 32-33

PLUMA DE INDIO
Vriesea splendens
pág. 35

HELECHO TEMBLÓN
Pteris cretica
pág. 33

GUZMANIA
Guzmania lingulata
pág. 35

HELECHO CANARIO
Davallia canariensis
pág. 33

OREJA DE ELEFANTE
Alocasia x *amazonica*
págs. 36-37

ALOE VERA
Aloe vera
págs. 38-39

ESPÁRRAGO HELECHO
Asparagus densiflorus sprengeri
págs. 42-43

BEGONIA DE FLOR
Begonia eliator
pág. 45

BROMELIA TRICOLOR
Neoregelia carolinae var. **tricolor**
pág. 49

AGAVE
Agave
pág. 39

HELECHO PLUMOSO
Asparagus setaceus
pág. 43

BEGONIA TUBEROSA
Begonia spp.
pág. 45

CALATEA
Calathea
págs. 50-51

HAWORTHIA
Haworthia
pág. 39

PLANTA MARIPOSA
Oxalis triangularis
pág. 43

LÁGRIMAS DE REINA
Billbergia nutans
págs. 48-49

PLANTA DE LA ORACIÓN
Maranta
pág. 51

LIRIO FLAMINGO
Anthurium
págs. 40-41

BEGONIA DE HOJA
Begonia rex
págs. 44-45

CLAVEL DEL AIRE
Tillandsia cyanea
pág. 49

ESTROMANTE
Stromanthe
pág. 51

continúa

CINTA
Chlorophytum comosum
págs. 52-53

ROSAS EN MINIATURA
Rosa
pág. 55

PLANTA ROSARIO
Senecio rowleyanus
pág. 59

DIEFFENBACHIA
Dieffenbachia
págs. 62-63

POTUS
Epipremnum
pág. 53

PRÍMULA
Primula vulgaris
pág. 55

RISTRA DE CORAZONES
Ceropegia woodii
pág. 59

FILODENDRO DE HOJA ACORAZONADA
Philodendron scandens
pág. 63

CABEZA DE FLECHA
Syngonium podophyllum
pág. 53

CLIVIA
Clivia miniata
págs. 56-57

VIOLETA DE PERSIA
Cyclamen persicum
págs. 60-61

FILODENDRO ROJO
Philodendron erubescens
pág. 63

CRISANTEMO
Chrysanthemum
págs. 54-55

ÁRBOL DE JADE
Crassula ovata
págs. 58-59

AZALEA
Rhododendron simsii
pág. 61

VENUS ATRAPAMOSCAS
Dionaea muscipula
págs. 64-65

SARRACENIA
Sarracenia
pág. 65

CANCIÓN DE LA INDIA
Dracaena reflexa
pág. 69

BOCA DE TIGRE
Faucaria
pág. 73

ÁRBOL DEL CAUCHO
Ficus elastica
pág. 77

COPA DE MONO
Nepenthes
pág. 65

BAMBÚ DE LA SUERTE
Dracaena sanderiana
págs. 70-71

FLOR DE PASCUA
Euphorbia pulcherrima
págs. 74-75

FITONIA
Fittonia
págs. 78-79

TRONCO DEL BRASIL
Dracaena fragrans
págs. 68-69

ECHEVERIA
Echeveria
pág. 72-73

FICUS LIRA
Ficus lyrata
págs. 76-77

ORTIGA DE TERCIOPELO
Gynura aurantiaca
pág. 79

DRÁCENA DE HOJA FINA
Dracaena marginata
pág. 69

PLANTA DEL AIRE
Aeonium
pág. 73

FICUS BENJAMINA
Ficus benjamina
pág. 77

HOJA DE LA SANGRE
Hypoestes
pág. 79

continúa

HIEDRA COMÚN
Hedera helix
págs. 80-81

KENTIA
Cómoea fosteriana
págs. 84-85

FLOR DE CERA MINI
Hoya bella
pág. 89

COSTILLA DE ADÁN
Monstera deliciosa
págs. 94-95

LAUREL MANCHADO
Aucuba japonica
pág. 81

PALMERA DE SALÓN
Chamaedorea elegans
pág. 85

ESCARLATA
Kalanchoeblossfeldiana
págs. 90-91

GÜEMBÉ
Philodendron bipinnatifidum
pág. 95

ARALIA DEL JAPÓN
Fatsia japonica
pág. 81

ARECA
Dypsis lutescens
pág. 85

CALANDIVA
Kalanchoe de la serie Calandiva®
pág. 91

PULMÓN DE GATO
Monstera obliqua
pág. 95

AMARILIS
Hippeastrum
págs. 82-83

FLOR DE CERA
Hoya carnosa
págs. 88-89

NOMETOQUES
Mimosa pudica
págs. 92-93

HELECHO DE BOSTON
Nephrolepis exaltata
var. *bostoniensis*
págs. 96-97

HELECHO NIDO
Asplenium nidus
pág. 97

REBUTIA
Rebutia
pág. 99

ORQUÍDEA ALEVILLA
Phalaenopsis
págs. 102-103

PLANTA MISIONERA
Pilea peperomioides
págs. 108-109

BLECNO
Blechnum gibbum
pág. 97

OMBLIGO DE TIERRA
Peperomia metallica
págs. 100-101

PALMERA ENANA
Phoenix roebelenii
págs. 104-105

PLANTA DE LA AMISTAD
Pilea involucrata
'Moon Valley'
pág. 109

CHUMBERA
Opuntia
págs. 98-99

YERBA LINDA
Peperomia rotundifolia
pág. 101

PALMA BAMBÚ
Rhapsis excelsa
pág. 105

MADREPERLA
Pilea cadierei
pág. 109

CACTUS ESTRELLA
Astrophytum ornatum
pág. 99

PEPEROMIA
Peperomia obtusifolia
pág. 101

PALMITO
Chamaerops humilis
pág. 105

CUERNO DE ALCE
Platycerium bifurcatum
págs. 110-111

continúa

CUERNO DE ALCE GRANDE
Platycerium grande
pág. 111

PLANTA DE LA LECHE
Euphorbia trigona
pág. 115

CROTÓN
Codiaeum variegatum
pág. 119

CACTUS MISTLETOE
Rhipsalis baccifera
pág. 121

VIOLETA AFRICANA
Saintpaulia
págs. 112-113

GERANIO DE FRESAS
Saxifraga stolonifera
págs. 116-117

PLANTA CEBRA
Aphelandra squarrosa
pág. 119

LÁGRIMAS DE ÁNGEL
Soleirolia soleirolii
págs. 122-123

LENGUA DE TIGRE
Sansevieria trifasciata
págs. 114-115

PLANTA DEL DINERO
Plectranthus
pág. 117

CACTUS DE NAVIDAD
Schlumbergera buckleyi
págs. 120-121

MILLONARIA
Tolmiea menziesii
pág. 123

LANZA AFRICANA
Sansevieria cylindrica
pág. 115

ARALIA
Schefflera arboricola
págs. 118-119

CACTUS DE PASCUA
Schlumbergera gaetneri
pág. 121

CORALITO
Nertera granadensis
pág. 123

ESPATIFILO
Spathiphyllum
págs. 124-125

ESTREPTOCARPO
Streptocarpus
págs. 130-131

CÓLEO
Solenostemon
pág. 135

ZAMIOCULCA
Zamioculcas zamiifolia
págs. 138-139

AGLAONEMA
Aglaonema
pág. 125

GLOXINIA
Sinningia speciosa
pág. 131

YUCA
Yucca elephantipes
págs. 136-137

PALMA DE IGLESIA
Cycas revoluta
pág. 139

ASPIDISTRA
Aspidistra eliator
pág. 125

PLANTAS DEL AIRE
Tillandsia
págs. 132-133

DRÁCENA
Cordyline australis
pág. 137

CASTAÑO DE GUINEA
Pachira aquatica
pág. 139

AVE DEL PARAÍSO
Strelitzia reginae
págs. 128-129

AMOR DE HOMBRE
Tradescantia zebrina
págs. 134-135

NOLINA
Beaucarnea recurvata
pág. 137

BONSÁIS DE INTERIOR
Varios
págs. 140-142

NOCIONES
BÁSICAS

Lo que toda
planta de interior
necesita
para sobrevivir

COMPRA

Intenta comprar tus plantas en un vivero o centro de jardinería para asegurarte de que hayan recibido los cuidados adecuados. A la hora de escoger una planta de interior, ten en cuenta los siguientes factores, aparte de pensar en cómo llevarla hasta tu casa sin que sufra.

FORMA

Fíjate en que la planta tenga una buena forma. Decántate por las frondosas y evita las que estén raquíticas o espigadas.

Dieffenbachia
(págs. 62-63)

SUSTRATO

Comprueba que el sustrato esté húmedo. No debería estar ni empapado ni muy seco, puesto que eso indicaría que la planta no se ha regado correctamente.

RAÍCES

Si se ven muchas raíces por encima del sustrato o si sobresalen por debajo de la maceta, la planta necesita ser trasplantada. Evita esos ejemplares, porque habrán hecho un sobreesfuerzo para crecer y no estarán en condiciones óptimas.

PLANTAS CON FLORES

Si eliges una planta con flores, fíjate en que además de flores tenga capullos, porque así durará más, ya que los capullos irán sustituyendo a las flores que se marchiten. No escojas plantas con capullos muy cerrados porque quizá no se abran después del traslado a casa.

Crisantemo (págs. 54-55)

ENVUÉLVELA

La mejor época para comprar plantas es en primavera y verano, dado que la temperatura es más suave y así no sufren cambios bruscos de temperatura además del de emplazamiento. Si compras una planta en invierno y hace frío, envuélvela para llevártela a casa, puesto que el cambio brusco de temperatura puede hacer caer las hojas o las flores de algunas especies, o incluso matarlas. La flor de Pascua es muy sensible al frío.

ESTADO

Comprueba que las hojas estén frescas y presenten un buen color, sin manchas marrones o amarillentas.

PLAGAS Y ENFERMEDADES

Examinando la parte inferior de las hojas verás si la planta sufre alguna anomalía (ver Plagas, págs. 24-27 y Enfermedades, págs. 28-29).

Flor de Pascua (págs. 74-75)

MACETA Y LUGAR

En cuanto llegues a casa con tu planta, comprueba que esté en una maceta con agujeros y encuéntrale un lugar adecuado. Si tienes estas dos cosas en cuenta, será mucho más fácil que la planta crezca bien.

EN QUÉ MACETA...

La mayoría de las plantas de interior se venden en macetas de plástico con agujeros en la base que pueden introducirse en tiestos más decorativos. Pero algunas plantas se comercializan en macetas decorativas sin orificios, lo que impide saber si el agua se acumula en el fondo y pudre las raíces. Es mejor trasplantar esas plantas a una maceta de plástico con agujeros en la base, y luego introducirla en otra más bonita.

**Dieffenbachia
(págs. 62-63)**

Asegúrate de que la maceta de plástico quepa en el recipiente de tu gusto.

Agujeros de drenaje

**PLANTAS EN MACETAS
DE PLÁSTICO**
Comprueba que la maceta tenga agujeros de drenaje en la base.

TRASPLANTE A UNA MACETA DE PLÁSTICO
Si la planta viene en un tiesto decorativo, pásala a una maceta de plástico con agujeros de drenaje antes de ocultarla en otro recipiente bonito.

Y DÓNDE PONERLA...

Para encontrar el lugar idóneo para una planta, piensa en temperatura, luz y humedad. Considera el hábitat natural de la planta: las plantas selváticas no disfrutarán en el soleado alféizar de una ventana. Averigua las necesidades de tu planta y colócala donde le convenga a ella, no a ti.

LUZ

La luz es la fuente de energía de las plantas de interior, y unas necesitan más que otras. La mayoría de las plantas crecen bien con una gran cantidad de luz, pero indirecta o tamizada, no directa. Un buen sitio es a un metro de una ventana orientada al norte, al este o al oeste. Ten en cuenta que la luz va cambiando a lo largo del día y de una época del año a otra.

TEMPERATURA

A la mayoría de las plantas de interior, como a nosotros, les gustan el calor durante el día y más fresco por la noche. Algunas, como la hiedra y el ciclamen, prefieren temperaturas más bajas. Pero ninguna tolera los grandes cambios, por lo que es mejor evitar los siguientes lugares:

→ Cerca de un radiador
→ Cerca de un aparato de aire acondicionado
→ Donde hay corriente
→ En el alféizar de una ventana, con las cortinas corridas por la noche

Comprueba la temperatura ambiente con un termómetro.

Aloe vera
(págs. 38-39)

HUMEDAD

La mayor parte de las plantas de interior necesitan más humedad de la que hay en un hogar medio con calefacción, pero unas estancias, como el cuarto de baño y la cocina, son más húmedas que otras. Para aumentar la humedad, llena una bandeja o un plato del diámetro de la maceta con guijarros o gravilla, y vierte agua hasta justo por debajo de la parte superior de los guijarros. Coloca la planta encima. El agua producirá humedad al evaporarse. Otra opción es rociar las hojas con un vaporizador. Humedécelas por la mañana para que se sequen antes de la noche. La frecuencia de vaporización de la planta dependerá de la estancia. Si ves indicios de que necesita humedad (por ejemplo, puntas de las hojas marrones), vaporízala más veces. Hazlo con agua destilada, filtrada o de lluvia si en tu zona el agua es dura. Agrupando las plantas también se incrementa la humedad.

Helecho de Boston
(págs. 96-97)

Palmera de salón
(pág. 85)

Kentia
(págs. 84-85)

RIEGO

El riego inadecuado es la principal razón por la que mueren las plantas de interior. Estos métodos son los mejores para regar plantas sanas y salvar las mustias.

CÓMO REGARLAS...

La mayoría de las plantas pueden regarse desde arriba. Sin embargo, si la planta tiene hojas vellosas o si el follaje cubre el sustrato, riégala desde abajo para evitar mojar las hojas. Las orquídeas pueden sumergirse y escurrirse; así, su grueso sustrato absorbe la cantidad correcta de agua. Riega las plantas con agua templada para que no «se asusten». Si es posible, vale la pena dejar un cubo de agua fuera para recoger agua de lluvia. Algunas plantas, como las bromeliáceas, la prefieren porque son sensibles a las sustancias químicas del agua dura de grifo.

DESDE ARRIBA

En general, riega con una regadera de cuello largo y fino, para que la boca llegue bien al sustrato. Riega alrededor de la base de la planta para que la tierra se humedezca de manera uniforme y el exceso de agua se escurra.

**Dieffenbachia
(págs. 62-63)**

DESDE ABAJO

Este método evita salpicaduras en las hojas, que dejan marcas feas y las pudren. Coloca la maceta en un plato con agua y déjala unos 30 minutos. A continuación, retira el exceso de agua del plato.

**Violeta de Persia
(págs. 60-61)**

SUMERGIR Y ESCURRIR

Una buena técnica para regar las orquídeas: coloca la maceta en un recipiente con agua tibia y déjala ahí unos diez minutos. Después, deja que se escurra bien.

**Orquídea alevilla
(págs. 102-103)**

CUÁNTA AGUA...

Estos indicadores permiten saber cuándo una planta necesita que la rieguen y con cuánta agua:

→ **Exceso de agua:** es la principal causa de muerte de las plantas de interior, pero asegúrate de que tampoco pasen sed.

→ **No te rijas por un horario:** aprende a captar las necesidades de tu planta. La mayoría de ellas solo necesitan que las rieguen cuando se han secado 1 o 2 cm de la parte superior del sustrato. Clava el dedo en la tierra con suavidad para comprobarlo. Si el sustrato está cubierto de hojas, guíate por el peso de la maceta: si la notas muy ligera es que el sustrato está seco.

→ **El objetivo es humedecer el sustrato**, no empaparlo: casi todas las plantas de interior odian el sustrato empapado, así que deja drenar bien el exceso de agua.

→ **En los tiestos de barro, el sustrato se seca antes** que en los de plástico o de cerámica porque el barro es un material poroso.

→ **La mayoría de las plantas necesitan menos agua en invierno** porque no crecen de forma activa. Algunas necesitan hibernar para florecer.

¿MARCHITA POR FALTA DE AGUA?

Si la planta se ha marchitado, puede que le falte agua. Pero comprueba siempre que el sustrato esté seco para asegurarte, dado que un exceso de agua puede tener las mismas consecuencias.

💧 *SÁLVALA Pasa la planta a un lugar más sombrío y llena un recipiente con agua templada. Introduce la maceta (de plástico con agujeros de drenaje) en el agua y ponle un peso si flota. Déjala en remojo unos 30 minutos y escúrrela. La planta debería revivir en el plazo de una hora.*

Espatifilo
(págs. 124-125)

¿MARCHITA POR EXCESO DE AGUA?

Las plantas también se marchitan por estar anegadas. Y es mucho más grave, porque mueren mucho antes que por falta de agua.

💧 *SÁLVALA Saca la planta de la(s) maceta(s) y envuelve el cepellón con papel de periódico o de cocina. Cámbialos hasta que hayan absorbido toda la humedad. Pon la planta en una maceta con sustrato nuevo y déjala lejos de la luz directa del sol. Mantén el sustrato solo ligeramente humedecido unas semanas.*

Saca la planta de sus dos macetas

Violeta africana
(págs. 112-113)

ABONO Y CUIDADOS

Para vivir, una planta necesita algo más que agua; la mayoría requieren nutrientes. Y merece la pena dedicar unos minutos a la semana a examinar y acicalar la planta, que agradecerá las atenciones recibidas.

ABONO

Todas las plantas necesitan nutrientes para crecer bien. Las plantas carnívoras capturan a sus presas para alimentarse, pero el resto, por lo general, necesitan ayuda. Deberías empezar a abonar la planta unas semanas después de que llegue a tu casa, y al cabo de un par de meses de trasplantarla. En primavera y verano, añade abono líquido para plantas a la regadera; normalmente basta con una vez al mes. Sigue las instrucciones del fabricante al pie de la letra y no sucumbas a la tentación de echar más, pues un exceso de abono puede dañar la planta. Es mejor abonar cuando el sustrato ya está húmedo, porque así el producto llega directamente a las raíces y no se escurre. Otra posibilidad es añadir bolitas o barritas de liberación lenta al sustrato, aunque es una opción de mantenimiento mínimo porque solo liberarán un poco de abono cada vez que riegues. No abones las plantas de interior en invierno a no ser que estén en época de floración.

Añade abono líquido al agua

Aralia (págs. 118-119)

Añade bolitas de fertilizante al sustrato

CUIDADOS EXTRAS

Dedica unos minutos a la semana a observar tu planta para detectar sus necesidades y asegurarte de que esté sana. No se trata tan solo de saber si está bien, sino de advertir indicios de problemas antes de que se manifiesten.

LIMPIEZA

Limpia las hojas de las plantas (sobre todo las grandes) con un paño limpio y húmedo para quitarles el polvo, que impide que les llegue la luz. Da una ducha de agua templada a las palmeras en invierno y déjalas bajo la lluvia en verano. Las plantas de hojas velludas o espinosas se limpian mejor con un pincel suave.

Limpia las hojas velludas con un pincel

Limpia las hojas céreas con un paño húmedo

ACICALAMIENTO

Retira las hojas secas y las flores marchitas. Así saldrán más brotes y evitarás que los pétalos secos caigan encima del follaje y lo pudran.

Retira las hojas secas y marrones

Tronco del Brasil (págs. 68-69)

INSPECCIÓN

Más vale prevenir que curar. Si ves que la planta parece enfermiza, revisa la pauta de cuidados y busca indicios de plagas o enfermedades antes de que causen estragos. (Ver Plagas págs. 24-27, y Enfermedades, págs. 28-29).

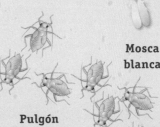

Mosca blanca

Pulgón

TRASPLANTE

Tarde o temprano, el sustrato original de la planta se habrá agotado y habrá que trasplantarla. Lo más probable es que también haya crecido y tengas que pasarla a una maceta más grande.

CUÁNDO TRASPLANTAR

Casi todas las plantas necesitan trasplante cuando las raíces se arremolinan junto a la maceta; para comprobarlo, hay que sacar el cepellón con cuidado. Trasplántalas a una maceta solo unos 5 cm de diámetro más grande que la anterior; si fuera mucho mayor, habría demasiado sustrato y quedaría anegado de agua. Casi siempre va bien el sustrato universal o el de plantas de interior, pero a veces hace falta una mezcla especial, por ejemplo, para orquídeas y cactus. No sirve la tierra del jardín. Lo mejor es trasplantar en primavera o verano. Algunas plantas necesitan un tiempo para recuperarse del trasplante, pero no debería ser mucho. Sigue cuidándolas como siempre.

Sustrato nuevo

PLANTAS EN MACETAS PEQUEÑAS
Trasplántalas a una maceta más grande con sustrato fresco.

Dieffenbachia (págs. 62-63)

Las raíces sobresalen por la base de la maceta

PLANTAS EN MACETAS GRANDES
A veces cuesta sacar las plantas grandes y maduras, pero se puede añadir sustrato. Retira de 5 a 8 cm del sustrato de la parte de arriba con una pala pequeña o una cuchara (con cuidado de no dañar las raíces) y sustitúyelo por otro nuevo.

Ficus lira (págs. 76-77)

CÓMO **TRASPLANTAR**

Sigue estos pasos para trasplantar la planta de la forma correcta. Necesitarás una maceta nueva y sustrato fresco.

1 Riega la planta el día antes de trasplantarla. Así te resultará más fácil extraerla y le afectará menos el proceso.

2 Pon sustrato fresco en el fondo de la nueva maceta, algo más grande.

3 Sujeta la planta cabeza abajo por la base de los tallos y da golpecitos a la maceta para que salga.

6 Riega la planta y deja escurrir el exceso de agua.

Deja 2 o 3 cm entre la tierra y el borde

4 Coloca la planta en la maceta nueva. Deja espacio entre la parte superior del sustrato y el borde de la maceta.

5 Añade sustrato alrededor del cepellón, presionando ligeramente.

«Después del trasplante, sigue cuidando la planta como de costumbre».

PLAGAS

Las plantas de interior pueden sufrir infestaciones que pueden dañarlas o incluso matarlas. A continuación te indicamos cómo identificar las plagas y qué hacer para salvar la planta.

CÓMO VENCER LAS PLAGAS

La mejor forma de evitar las plagas es mantener las plantas sanas, porque atacan sobre todo a las estresadas y en mal estado.

Por lo general, una planta infestada por una plaga puede tratarse con un insecticida, ya sea químico o de origen natural. Estos últimos contienen derivados de plantas y otras sustancias naturales.

Las trampas adhesivas resultan idóneas para atrapar pulgones, moscas blancas y trips, y ayudan a controlar el grado de infestación.

Si tienes muchas plantas de interior en un lugar y todas padecen el mismo problema, puedes probar con un control biológico. Se trata de productos naturales que pueden pedirse por correo y funcionan introduciendo depredadores (que suelen ser invisibles a simple vista) para atacar las plagas.

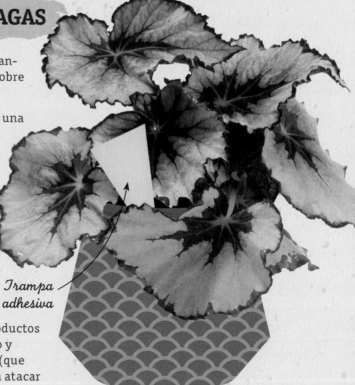

Trampa adhesiva

Begonia (págs. 44-45)

Pista
Dónde localizar las plagas de las plantas

Capullos y tallos

En las hojas

En la tierra

«Las plagas atacan sobre todo a las plantas en mal estado».

LAS PLAGAS

Puedes ver indicios de estas plagas en tus plantas de interior. Encontrarás más detalles sobre las plagas a las que cada planta es más propensa en su página correspondiente.

MOSCA BLANCA

Se oculta en la cara inferior de las hojas y, al tocar la planta, una nube de minúsculos insectos blancos sale volando.

❤ **TRATAMIENTO** *Saca la planta al exterior y expulsa a los insectos con un chorro de agua; o bien sumerge la planta entera en un cubo de agua templada. Con una trampa adhesiva atraparás muchos insectos.*

Hoja de begonia

MOSQUILLA NEGRA

También llamada «mosca del sustrato». Es un pequeño insecto marrón o negro que revolotea alrededor de la planta. No es dañino pero sí molesto. Sus gusanos se alimentan principalmente de materia orgánica del sustrato, pero a veces atacan las raíces de las plantas. Las plantas sanas pueden soportarla pero las jóvenes o débiles no.

❤ **TRATAMIENTO** *Antes de regar, deja que se sequen 1 o 2 cm de sustrato (lo que de todos modos conviene a la mayoría de las plantas). Una trampa adhesiva amarilla atraerá a los insectos. Cubre el sustrato con una gravilla fina o guijarros para evitar que la mosquilla ponga huevos.*

MINADOR DE HOJAS

Verás un reguero marrón, blanco u opaco en las hojas: las larvas habrán hecho sus «túneles». Quizá haya también puntos blancos en las hojas.

❤ **TRATAMIENTO** *Retira las hojas afectadas y trata la planta con un insecticida.*

Las larvas hacen túneles en las capas de las hojas

Hoja de crisantemo (págs. 54-55)

TRIP

O «arañuela». Es un insecto diminuto de color marrón o negro que chupa la savia y aparece en plantas que han pasado tiempo en el exterior. Entre las señales de infestación están las hojas moteadas y de color apagado, unos rastros de un blanco plateado en las hojas o las flores, y un crecimiento irregular.

❤ **TRATAMIENTO** *Las trampas adhesivas, sobre todo las azules, ayudarán a reducirlos. Pulveriza la planta con insecticida o prueba el control biológico.*

Zonas moteadas

Hoja de crotón (pág. 119)

continúa

ARAÑA ROJA

El follaje se pone blanquecino o moteado, con una telaraña entre las hojas y el tallo, y caen las hojas. Estos ácaros resultan visibles con ayuda de una lupa en la cara inferior de las hojas.

♥ **TRATAMIENTO** *Pulveriza con un insecticida o recurre al control biológico. La araña roja se desarrolla en ambientes secos y cálidos, así que rocía las plantas a diario para aumentar la humedad si es necesario. Vigila de vez en cuando con una lupa la cara inferior de las hojas.*

Hoja de hiedra (págs. 80-81)

«Examina la planta con regularidad y aborda los problemas antes de que empeoren».

GORGOJO

Si la planta se ha abatido y no la has regado ni mucho ni muy poco, quizá la culpa la tengan los gorgojos. Se instalan en el sustrato de las plantas que han estado en el exterior. Mordisquean las raíces, el bulbo o el tubérculo de la planta y hacen que se marchite de repente.

♥ **TRATAMIENTO** *Si la planta ha estado en el exterior en verano, empapa el sustrato con un insecticida o control biológico a finales de verano o comienzos de otoño para matar las larvas. Si se han comido parte de las raíces, la planta no se recuperará.*

Busca larvas en el sustrato de la planta

Echeveria (págs. 72-73)

PULGÓN

Los pulgones pueden ser verdes, negros, grises o naranjas. Se acumulan en el extremo de los tallos y en los capullos de las flores, donde succionan la savia y segregan miel que a continuación queda colonizada por un moho negruzco. El pulgón puede transmitir enfermedades.

❤ **TRATAMIENTO** *Quítalo frotando con la mano, o echa un chorro de agua o insecticida. También es útil una trampa adhesiva amarilla.*

Hoja de fitonia (págs. 78-79)

INSECTO ESCAMA

Estos insectos tipo lapa parecen bultos marrones en los tallos y la parte inferior de las hojas. También segregan una savia pegajosa que puede acabar en un moho negruzco. Si no se controla, la planta se debilita y las hojas amarillean.

❤ **TRATAMIENTO** *Quítalos frotando con la mano o pulveriza la zona afectada con insecticida (no rocíes las hojas de los helechos, porque son muy sensibles a las sustancias químicas). También puedes probar el control biológico.*

Los insectos escama se acumulan a lo largo del centro de las hojas

Hoja de aralia (págs. 118-119)

COCHINILLA DE LA HARINA

Estos insectos blancos y lentos revestidos de una pelusilla blanca se agrupan en los tallos, las uniones de las hojas y debajo de estas. Succionan la savia y segregan una miel pegajosa que luego coloniza un moho negruzco. Las hojas amarillean, se caen o se mustian.

❤ **TRATAMIENTO** *Pasa un trapo húmedo o un bastoncillo de algodón empapado en insecticida. O bien pulveriza la planta con insecticida una vez por semana. El control biológico también funciona. Estas cochinillas son difíciles de erradicar y, si está muy infestada, suele ser más práctico tirar la planta.*

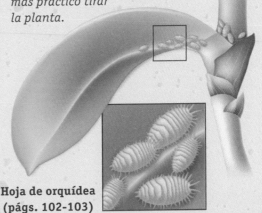

Hoja de orquídea (págs. 102-103)

ENFERMEDADES

Cuidar bien de las plantas es la mejor defensa contra las enfermedades, pero no hay que bajar la guardia. Ahora aprenderás a identificar y tratar sus enfermedades.

Avance del
moho gris

La planta
está mustia

Zonas de
polvo blanco

**Violeta africana
(págs. 112-113)**

**Violeta de Persia
(págs. 60-61)**

**Hoja de planta misionera
(págs. 108-109)**

BOTRITIS (O MOHO GRIS)

Por toda la planta hay una pelusilla gris, sobre todo en condiciones de frío, humedad o congestión.

☀ TRATAMIENTO
Riega la planta desde abajo para no salpicarla. Retira las zonas afectadas junto con el sustrato que esté mohoso y trata la planta con un fungicida. Riégala y pulverízala con menos frecuencia. Aumenta la ventilación.

PODREDUMBRE DE LA CORONA

Las partes inferiores de la planta están oscuras, blandas y podridas, por una infección por hongos. Suele deberse a un exceso de riego, salpicaduras en la base de los tallos o al frío.

☀ TRATAMIENTO
Intenta salvar la planta cortando la zona afectada y tratándola con un fungicida. Evita el exceso de riego y trasládala a un lugar más cálido y mejor ventilado.

OÍDIO

Aparecen zonas de polvo blanco en las hojas. Es más habitual que ocurra cuando las plantas están apiñadas, cuando se riegan poco o en situaciones de calor y humedad. No es mortal, pero puede debilitar la planta.

☀ TRATAMIENTO
Retira las hojas afectadas y trata la planta con fungicida. Separa más las plantas entre sí para que circule mejor el aire.

Zonas verrugosas

Hoja de ombligo de tierra
(págs. 100-101)

Fumagina

Hoja de aralia
(págs. 118-119)

Manchas amarillas

Hoja de flor de cera
(págs. 88-89)

EDEMA

Protuberancias verrugosas en la parte inferior de las hojas. Se debe a un anegamiento, una humedad elevada y falta de luz.

❤ **TRATAMIENTO**
Reduce la humedad de la estancia, riega menos la planta y trasládala a un lugar más luminoso.

FUMAGINA

Es un hongo negro que crece encima de los excrementos de las plagas. Tapa los poros de la planta e impide que le llegue la luz.

❤ **TRATAMIENTO**
Retira el moho con un paño limpio y húmedo y trata la infestación por insectos (ver Plagas, págs. 24-27).

VIRUS

Pueden aparecer motas amarillas en las hojas, distorsión del crecimiento y rayas blancas en las flores.

❤ **TRATAMIENTO**
El virus puede haber sido transmitido por insectos o quizá estuviera ya presente en la planta cuando la compraste. La planta no tiene salvación.

Mancha

Hoja de ficus lira
(págs. 76-77)

MANCHA DE LA HOJA

Aparecen en las hojas unas manchas marrones o negras con un halo amarillo que pueden agruparse y matar una hoja. Las producen bacterias u hongos, sobre todo en condiciones húmedas o de acumulación excesiva de plantas, y salpicaduras de agua.

❤ **TRATAMIENTO** *Retira las hojas afectadas y trata la planta con fungicida. Reduce la humedad y deja más espacio entre las plantas.*

PODREDUMBRE DE LAS RAÍCES

Las raíces se pudren a causa de una infección por hongos producida por un exceso de riego. Las hojas amarillean, se marchitan y se vuelven marrones, y la planta se mustia. Las raíces afectadas quedan blandas y oscuras.

❤ **TRATAMIENTO** *Retira el sustrato y observa las raíces. Recorta las raíces afectadas con un cuchillo afilado dejando las blancas y sanas. Luego poda la planta de acuerdo con la reducción de raíz, trátala con un fungicida y trasplántala con sustrato nuevo a una maceta desinfectada.*

Zonas blandas, podridas

Chumbera (págs. 98-99)

PLANTAS
DE INTERIOR

Cómo mimar las plantas de interior y tratar sus problemas

CULANTRILLO

Adiantum raddianum

Este helecho, delicado y lánguido, es bastante exigente y difícil de cuidar; necesita humedad, calor y sombra.

CÓMO **NO** MATARLO

EMPLAZAMIENTO
Mantenlo a entre 15 y 21 °C, nunca a menos de 10 °C. Colócalo lejos de radiadores y corrientes de aire. Necesita mucha humedad, por lo que es adecuado para el cuarto de baño.

LUZ
Déjalo apartado de la luz directa del sol, a 1 m de una ventana orientada al norte o de forma que reciba la luz tamizada de una orientada al este.

RIEGO + ABONO
Riégalo cuando el cm superior de sustrato esté seco y deja escurrir el exceso de agua; el sustrato debería estar húmedo. Abónalo una vez al mes en primavera y verano.

CUIDADOS
Pon la planta en una bandeja con guijarros llena de agua y vaporiza las hojas con frecuencia para proporcionarle humedad, más a menudo en una estancia seca y cálida. Arranca las frondas viejas de la base.

> **¡BICHOS!**
> (ver págs. 24-27)
>
> El follaje es propenso a los **insectos escama** y las **cochinillas de la harina**.

¿FRONDAS MARRONES Y SECAS?

Se debe a baja humedad, corrientes, proximidad de un radiador, luz del sol o sequedad del sustrato.

♥ SÁLVALA *Arranca las frondas afectadas. Comprueba que la planta no esté en un lugar demasiado luminoso ni cerca de un radiador. Vaporízala con frecuencia y colócala en una bandeja de guijarros llena de agua. Mantén el sustrato húmedo.*

¿HOJAS PÁLIDAS?

Si las hojas están pálidas es posible que la planta reciba demasiado sol directo; quizá también tenga quemaduras en las hojas. Si no, tal vez esté en un lugar demasiado oscuro, o quizá necesite abono.

♥ SÁLVALA *Trasládala a un lugar con luz tamizada. Abónala si no lo has hecho últimamente.*

¿HOJAS AMARILLAS?

Puede deberse a una falta o un exceso de agua, o a una fluctuación de temperatura.

♥ SÁLVALA *Comprueba que el sustrato no esté anegado y que la planta no esté cerca de un radiador o un aparato de aire acondicionado.*

CUIDADOS SIMILARES

HELECHO TEMBLÓN
Pteris cretica

Este helecho necesita cuidados similares a los del culantrillo, aunque tolera mejor que el sustrato se le seque de vez en cuando.

HELECHO CANARIO
Davillia canariensis

Otro helecho, que tolera menos agua y menos humedad que el culantrillo.

BROMELIA FASCIADA
Aechmea fasciata

La bromelia fasciada es una planta de aspecto exótico con flores duraderas. La roseta de hojas forma un hueco central que retiene el agua.

CÓMO **NO** MATARLA

EMPLAZAMIENTO
Colócala en una estancia cálida, a entre 13 y 27 °C. Debe circular el aire, así que abre una ventana de vez en cuando.

LUZ
Necesita mucha luz pero no sol directo, porque le quemaría las hojas.

RIEGO + ABONO
Asegúrate de que siempre haya 2 o 3 cm de agua destilada, filtrada o de lluvia en el hueco de la roseta. Vacíalo y rellénalo cada 2 o 3 semanas para evitar que el agua se estanque. Riega el sustrato en verano si los 2-3 cm superiores están secos y déjalo escurrir bien.

CUIDADOS
Si hace calor en la estancia, dale más humedad: colócala en una bandeja con guijarros llena de agua y vaporiza las hojas 1 o 2 veces por semana.

¡BICHOS!
(ver págs. 24-27) | Las hojas sufren plagas de **cochinillas de la harina** e **insectos escama**.

¿HOJAS MARRONÁCEAS, MUSTIAS O CAÍDAS?

Tal vez la corona o las raíces estén podridas por demasiado riego o un mal drenaje.

SÁLVALA *Mira si la corona o las raíces se han podrido. Recorta las zonas afectadas, trata la planta con fungicida y trasplántala cambiando el sustrato. Consulta también Enfermedades (págs. 28-29).*

Hoja marrón

¿FLOR O PLANTA QUE SE SECA?

Es normal.

SÁLVALA *Con un cuchillo afilado, corta la flor lo más cerca posible de las hojas. Las bromelias fasciadas solo florecen una vez, pero si sigues cuidando de la planta echará hijuelos (nuevas plantas en la base). Cuando alcancen un tercio del tamaño de la planta principal, córtalos con cuidado y plántalos aparte.*

¿ESTÁ PÁLIDA?

Demasiada sequedad o bien le da el sol directo.

❤ **SÁLVALA** *Ponla en un lugar más sombrío y vaporiza las hojas con regularidad.*

¿PUNTAS MARRONES?

Puede deberse al aire seco y cálido o a una falta o un exceso de riego. O a que se ha regado con agua dura.

❤ **SÁLVALA** *Añade agua en el hoyo central y riega un poco el sustrato. Pulveriza las hojas más a menudo. Sustituye el agua de riego por agua destilada, filtrada o de lluvia.*

Aechmea fasciata
Altura y diámetro: hasta 50 cm

CUIDADOS SIMILARES

PLUMA DE INDIO
Vriesea splendens

Esta planta, con su original flor en forma de espada, requiere los mismos cuidados que la bromelia fasciada.

GUZMANIA
Guzmania lingulata

Otra conocida bromeliácea con necesidades similares. Se caracteriza por su flor en forma de piña.

OREJA DE ELEFANTE

Alocasia x *amazonica*

A la oreja de elefante le gustan mucho el calor y la humedad. Posee unas hojas impresionantes de color verde oscuro con nervaduras.

CÓMO **NO MATARLA**

✓ **EMPLAZAMIENTO**
Mantenla a entre 15 y 21 °C todo el año. Evita colocarla cerca de un radiador, aparato de aire acondicionado o donde haya corrientes de aire frío.

LUZ
En verano, mantén la planta lejos de la luz directa del sol, en semisombra. En invierno, ponla en un lugar más luminoso.

RIEGO + ABONO
Mantén el sustrato húmedo (no empapado) regándolo un poco cada varios días con agua templada destilada, filtrada o de lluvia. Abónala una vez al mes en primavera y verano. Riégala con menos frecuencia en invierno.

CUIDADOS
A las alocasias les encanta la humedad, así que colócala en una bandeja de agua llena de guijarros y vaporiza las hojas con regularidad. Asegúrate de que la maceta drene bien. Trasplántala en primavera si las raíces sobresalen mucho de la maceta.

¿MANCHAS MARRONES?

Son quemaduras del sol.

♥ **SÁLVALA** *Pon la planta en un lugar más sombrío, lejos de la luz directa del sol.*

Manchas marrones

¿LA PLANTA SE SECA?

Si es invierno, es probable que entre en hibernación, sobre todo si las temperaturas bajan de los 15 °C. Si no es invierno, es que la planta no está contenta.

♥ **SÁLVALA** *Si está hibernando, la planta volverá a brotar en primavera; sigue cuidándola como de costumbre. Si no, comprueba la colocación, la luz y la pauta de riego (ver izquierda).*

¡BICHOS!
(ver págs. 24-27)

Es propensa a tener en las hojas **cochinillas de la harina**, **insectos escama** y **arañas rojas**.

¿HOJAS MARRONES Y SECAS?

O bien no hay suficiente humedad o bien el agua de riego es del grifo y demasiado dura.

☀ **SÁLVALA** *Colócala en una bandeja de guijarros húmedos y vaporiza las hojas con frecuencia, mejor si es con agua destilada, filtrada o de lluvia.*

Hoja marrón y seca →

¿PLANTA MARCHITA?

Podría deberse a un exceso o una falta de riego. El exceso de agua puede pudrir las raíces.

☀ **SÁLVALA** *Modifica la pauta de riego según si el sustrato está demasiado seco o húmedo. Si no hay cambios, mira si las raíces están podridas. Retira las zonas afectadas, trátala con un fungicida y trasplántala cambiando el sustrato. Consulta Enfermedades de la plantas (págs. 28-29).*

Alocasia x amazonica

Altura y diámetro: hasta 1,5 m

ALOE VERA

Aloe vera

Esta suculenta, fácil de cultivar, tiene unas hojas carnosas cuya savia alivia afecciones cutáneas.

¡¡

¡BICHOS!
(ver págs. 24-27)

El aloe es propenso a los **insectos escama**.

CÓMO **NO** MATARLA

EMPLAZAMIENTO
Colócala en una estancia que esté entre 15 y 24 °C. Los aloes contentos y maduros producen flores amarillas.

LUZ
Colócala en un lugar luminoso (por ejemplo, junto a una ventana orientada al sur). Resiste la luz directa del sol, pero hay que aclimatarla.

RIEGO + ABONO
En primavera y verano, riégala cuando los 2-3 cm superiores del sustrato estén secos; más o menos una vez por semana. En invierno riégala muy poco. Abónala una vez en primavera y otra en verano.

CUIDADOS
Al aloe le gusta el sustrato bien drenado, por lo que conviene añadirle gravilla o perlita, o usar sustrato para cactus. Con una capa de gravilla en la parte superior, el cuello estará seco y evitarás que se pudra. Trasplántalo solo si sobresale de la maceta. El aloe produce hijuelos que pueden dejarse en la planta o cortarse por la base junto con las raíces y plantarse aparte.

¿HOJAS HUNDIDAS Y ARRUGADAS?

La planta necesita agua.

SÁLVALA *Riégala un poco y vaporízala. Repite la operación los dos días siguientes. Las hojas deberían recuperar su textura habitual. No dejes que el sustrato de la planta esté excesivamente húmedo.*

¿LAS HOJAS SE VUELVEN MARRONÁCEAS O ROJIZAS?

En verano, es posible que la planta reciba demasiado sol al mediodía, o quizá sufra de exceso de agua. Tal vez las raíces estén dañadas.

SÁLVALA *Trasládala a un lugar luminoso con menos luz directa del sol. Riégala menos. Si no se recupera, examina las raíces.*

Hoja marrón rojiza

¿HOJAS PÁLIDAS O AMARILLENTAS?

Si toda la planta está amarillenta o pálida es que la has regado demasiado o bien que no recibe suficiente luz.

♥ SÁLVALA *Asegúrate de regar bien la planta (ver izquierda). Ponla en un lugar más luminoso.*

¿PUNTOS NEGROS? ¿HOJAS MARRONES O MOHOSAS?

Lo más probable es que se deba a un exceso de riego.

♥ SÁLVALA *No la riegues hasta que el sustrato esté seco. Asegúrate de que la maceta tenga agujeros de drenaje. Evita salpicarla con agua, puesto que se acumulará en la base y la pudrirá.*

Puntos negros

Aloe vera
Altura y diámetro: hasta 1 m

CUIDADOS SIMILARES

AGAVE
Agave

Esta otra suculenta es ideal para un alféizar luminoso y necesita los mismos cuidados que el aloe. Algunas variedades presentan unas espinas muy afiladas.

HAWORTHIA
Haworthia

Otra suculenta espinosa con las mismas necesidades. Si le da el sol directo, es posible que las hojas se enrojezcan.

LIRIO FLAMINGO

Anthurium

También llamado anturio, es fácil de cuidar y presenta unas exóticas flores onduladas de colores brillantes (espatas) que duran semanas.

CÓMO NO MATARLO

EMPLAZAMIENTO
El lirio flamingo es una planta tropical, por lo que necesita calor y humedad. Colócalo en una estancia cálida (15-20 °C) sin corrientes de aire.

LUZ
Ponlo en un lugar luminoso pero sin que le dé el sol directo, por ejemplo, a un metro de una ventana soleada.

RIEGO + ABONO
De primavera a otoño, riégalo con moderación cuando la superficie del sustrato esté seca. Después de regarlo, el sustrato debería quedar húmedo pero no empapado. Riégalo menos en invierno. Abónalo una vez al mes en primavera y verano.

CUIDADOS
Vaporiza las hojas con regularidad (no las flores) o colócalo en una bandeja con guijarros llena de agua. Limpia las hojas a menudo con una esponja húmeda y arranca las flores mustias con suavidad. Trasplántalo en primavera a una maceta algo más grande.

¡BICHOS!
(ver págs. 24-27)

Hojas propensas al ataque de la **cochinilla de la harina** y la **araña roja**.

Marcas de quemadura solar

¿PUNTAS DE LAS HOJAS MARRONES?

No hay suficiente humedad en el aire o la planta recibe demasiada luz solar directa. Las hojas se queman con facilidad.

❤ **SÁLVALA** *Aumenta la humedad vaporizando las hojas a menudo o pon la planta en una bandeja con guijarros llena de agua. Trasládala a un lugar luminoso donde no le dé la luz directa del sol.*

Anthurium andraeanum

Altura y diámetro: hasta 50 cm

¿MUCHAS HOJAS PERO NINGUNA FLOR?

Es posible que la maceta sea demasiado grande, que la planta no reciba luz suficiente o que le falte abono.

SÁLVALA *Colócala en un lugar más luminoso. Trasplántala a una maceta más pequeña si hay más de 1 o 2 cm entre el borde de la maceta y el cepellón. Abónala una vez al mes para propiciar la floración (ver izquierda).*

¿HOJAS AMARILLENTAS?

Podría deberse a un exceso de riego o de abono.

SÁLVALA *No dejes que la planta esté empapada de agua y no vuelvas a regarla hasta que el sustrato se seque. Deja de abonarla durante uno o dos meses si es preciso.*

ESPÁRRAGO HELECHO
Asparagus densiflorus sprengeri

Esta planta, también llamada «esparraguera africana», es fácil de cultivar y presenta un follaje grácil parecido a plumas.

CÓMO **NO** MATARLA

EMPLAZAMIENTO
Colócala en una estancia fresca (entre 7 y 21 °C), lejos del calor directo, como un radiador. Le gusta cierta humedad, así que crece bien agrupada con otras plantas. Es una buena opción para un cuarto de baño.

LUZ
Lo ideal es que reciba luz indirecta.

RIEGO + ABONO
Riégala cuando los 2-3 cm superiores del sustrato estén secos. No dejes que el sustrato se reseque ni lo inundes de agua. En invierno, riégala menos. Abónala una vez al mes en primavera y verano.

CUIDADOS
Si la planta está en una estancia con calefacción central, vaporízala de vez en cuando. Corta por la base los tallos que amarilleen. Trasplántala en primavera si el cepellón está en contacto con el borde de la maceta.

Asparagus densiflorus sprengeri
Altura y diámetro: hasta 30 cm

¿FOLLAJE AMARILLO?

Es normal que el follaje más viejo de la parte inferior de la planta amarillee. Si amarillea toda ella, entonces quizá la temperatura de la estancia sea demasiado elevada, haya demasiada luz o la planta sufra de exceso o de falta de riego. Asegúrate de que el sustrato no esté inundado porque eso pudre las raíces.

💟 **SÁLVALA** *Aléjala del radiador o pásala a una estancia más fresca y algo más umbría. Deja secar el sustrato si está inundado y deja secar los 2-3 cm superiores entre riego y riego. Comprueba que las raíces no se pudran (ver Enfermedades, págs. 28-29).*

Amarilleo generalizado

¡BICHOS!
(ver págs. 24-27)

El follaje es propenso al ataque de la **araña roja**.

¿BORDES DE LAS HOJAS MARRONES?

A la planta le ha dado demasiado el sol o el sustrato se ha secado.

💟 **SÁLVALA** *Trasládala a un lugar más umbrío. Riégala y deja escurrir el exceso de agua.*

Hojas marrones

CUIDADOS SIMILARES

HELECHO PLUMOSO
Asparagus setaceus
Esta esparraguera necesita cuidados similares pero prefiere más humedad que su prima y tolera recibir menos luz.

PLANTA MARIPOSA
Oxalis triangularis
Esta bonita planta necesita cuidados similares. Al ser un bulbo, en invierno se seca.

BEGONIA DE HOJA

Begonia rex

Existen muchas variedades de begonias de hoja, con hermosos follajes en tonos carmesí, plateado, púrpura, verde y rojo.

CÓMO **NO** MATARLA

✔ EMPLAZAMIENTO
La temperatura idónea para la planta es de entre 18 y 21 °C todo el año, no más. En invierno, puede sobrevivir con un mínimo de 13 °C.

☀ LUZ
Colócala en un lugar luminoso pero con luz indirecta. Evita el sol directo para que no le queme las hojas.

💧 RIEGO + ABONO
Riégala para que el sustrato esté húmedo, pero en verano déjalo secar un poco entre riego y riego. Regarla desde abajo evita que el agua se acumule en la base de los tallos (ver Riego, págs. 18-19). En invierno basta con mantenerla húmeda.

🪴 CUIDADOS
Trasplántala en primavera si es necesario. Gira la maceta regularmente para que la planta crezca de manera uniforme. Debe estar bien ventilada.

¡BICHOS!
(ver págs. 24-27)

Es propensa a tener **pulgón, araña roja, mosca blanca** y **trips**.

¿POLVO BLANCO EN LAS HOJAS?

Es el polvo de mildiu, debido por lo general a corrientes de aire, calor excesivo, humedad elevada o escasa circulación de aire.

💗 **SÁLVALA** *Retira las hojas afectadas y aplica fungicida. Consulta Enfermedades (págs. 28-29).*

Polvo
blanco

¿LAS HOJAS SE CAEN?

Quizá estés regando la planta demasiado o haga demasiado calor. Si también se está quedando raquítica es que le falta luz.

☀ **SÁLVALA** *Colócala en un lugar más luminoso sin sol directo. Comprueba la temperatura y las pautas de riego (ver izquierda).*

¿HOJAS AMARILLENTAS?

Exceso o falta de riego, o bien la planta no recibe luz suficiente.

❤ **SÁLVALA** *Comprueba cuidados y emplazamiento (ver izquierda).*

¿PELUSILLA GRIS EN ALGUNAS ZONAS?

Es el moho gris (botritis); se debe al frío, la humedad o la acumulación de plantas; o bien a salpicaduras de agua.

❤ **SÁLVALA** *Apártala de otras begonias para que no se propague la infección y ventílala mejor. Retira las zonas afectadas y trata la planta con fungicida (ver Enfermedades, págs. 28-29).*

CUIDADOS SIMILARES

BEGONIA DE FLOR
Begonia eliator

Tienen unas bonitas flores pequeñas de varios colores. Pódala con regularidad para prolongar la floración.

BEGONIA TUBEROSA
Begonia spp.

Pódala con regularidad para prolongar la floración. Al final de la temporada, corta la planta, limpia el bulbo de sustrato, guárdalo en un lugar fresco y seco durante el invierno, y plántalo de nuevo en primavera.

Begonia rex

Altura: hasta 60 cm

Diámetro: hasta 45 cm

LAS 5 MEJORES PLANTAS
PARA EL ESCRITORIO

Se dice que añadir un toque verde al espacio de trabajo mejora la productividad y reduce el estrés. Y ciertos estudios científicos han revelado que hay plantas que eliminan toxinas del ambiente. Las plantas idóneas para el escritorio son compactas y sin muchas exigencias en cuanto a luz.

Bambú de la suerte

Dracaena sanderiana

No podemos garantizar que gracias a esta planta vayas a conseguir un ascenso o un aumento de sueldo, pero alegrará tu jornada laboral. Cultívala en sustrato o tan solo en un vaso de agua destilada, filtrada o de lluvia.

Ver Bambú de la suerte, págs. 70-71.

Bromelia tricolor

Neoregelia carolinae var. tricolor

Esta hermosa planta se cultiva por su follaje, que adopta un tono rosáceo justo antes de florecer. Hay que mantener el centro de la planta lleno hasta arriba de agua embotellada.

Ver Bromelia tricolor, pág. 49.

Lanza africana
Sansevieria cylindrica

Esta planta de hojas curiosas, cilíndricas, pertenece a la misma familia que la lengua de tigre. Precisa de poco mantenimiento y poca agua, por lo que tolerará cierto nivel de abandono si te ausentas.

Ver Lanza africana, pág. 115.

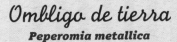

Ombligo de tierra
Peperomia metallica

Las peperomias son plantas de follaje atractivo. Son una opción idónea para el despacho porque son compactas y viven bien bajo las luces fluorescentes de los edificios de oficinas.

Ver Peperomia, págs. 100-101.

Drácena de hoja fina
Dracaena marginata

Esta planta, poco exigente, purifica el aire y resiste un riego poco regular. Puede alcanzar una altura considerable pero ocupa poco sitio porque tiene el tronco muy fino. Tenla a la sombra.

Ver Drácena de hoja fina, pág. 69.

LÁGRIMAS DE REINA

Billbergia nutans

Es una de las bromelias más fáciles de cultivar. Las lágrimas de reina lucen muy bien en un macetero colgante.

¡BICHOS!
(ver págs. 24-27)

La atacan las **cochinillas de la harina** y los **insectos escama**.

CÓMO **NO** MATARLA

EMPLAZAMIENTO
La temperatura idónea para ella es de entre 5 y 24 °C, pero solo florece si está en el rango superior de esa temperatura.

LUZ
Le gusta mucho la luz, indirecta.

RIEGO + ABONO
Mantén siempre el centro de la roseta de hojas con 2-3 cm de agua destilada, filtrada o de lluvia. Vacíalo y rellénalo cada 2-3 semanas para que el agua no se estanque. Mantén el sustrato ligeramente húmedo. Abona la planta una vez al mes en primavera y verano, añadiendo abono líquido de potencia media en ese espacio central.

CUIDADOS
Coloca la planta en una bandeja con guijarros llena de agua para mantener la humedad. Florecerá cuando tenga unos 3 años. Arranca con cuidado las flores secas. Trasplántala en primavera después de que florezca. Producirá hijuelos (plantas nuevas en la base) que irán secándose. Plántalos en otra maceta cuando alcancen un tercio del tamaño de la planta madre.

¿PUNTAS DE LAS HOJAS AMARILLAS?

Seguramente se le habrá quedado pequeña la maceta.

❤ **SÁLVALA** *Trasplántala en primavera, después de la floración.*

¿PUNTAS MARRONES?

Aire seco o agua dura.

❤ **SÁLVALA** *Si hace calor, vaporiza las hojas con agua destilada, filtrada o de lluvia, no del grifo.*

¿FLORES QUE GOTEAN?

Es el néctar, que gotea de las flores cuando se mueven o se tocan. De ahí viene el nombre común de la *Billbergia*, «lágrimas de reina».

❤ **SÁLVALA** *¡No hagas nada!*

Billbergia nutans

Altura y diámetro: hasta 50 cm

¿NO FLORECE?

La planta no florecerá hasta que tenga unos 3 años. Si tu planta ya está madura, quizá la temperatura sea demasiado baja o tal vez esté en un lugar demasiado oscuro.

❤ **SÁLVALA** *Colócala en un lugar más cálido y luminoso sin sol directo.*

CUIDADOS SIMILARES

CLAVEL DEL AIRE
Tillandsia cyanea

Esta bromeliácea precisa de cuidados similares a los de las lágrimas de reina pero prefiere temperaturas más elevadas (14-25 °C).

BROMELIA TRICOLOR
Neoregelia carolinae
var. **tricolor**

Necesita los mismos cuidados que el clavel del aire. La parte central se torna rojiza antes de florecer.

CALATEA

Calathea

La mayoría de las calateas se cultivan por sus hojas. Las de la calathea roseopicta son rojas por debajo.

IIIIIIIIIIIIIIIIIIIIIIIIII

CÓMO **NO** MATARLA

✔ EMPLAZAMIENTO
Como planta selvática, hay que tenerla en una estancia cálida (16-20 °C). Y necesita humedad, así que el cuarto de baño resulta idóneo. Evita ponerla en habitaciones donde haya grandes cambios de temperatura.

LUZ
Colócala parcialmente a la sombra o en un lugar luminoso sin sol directo.

RIEGO + ABONO
De primavera a otoño, mantén el sustrato húmedo (no empapado) con agua destilada, filtrada o de lluvia (esta planta es sensible a las sustancias químicas del agua del grifo). La maceta debe drenar bien. En invierno, riégala menos. Abónala una vez en primavera, verano y otoño.

CUIDADOS
Para mantener la humedad, colócala en una bandeja con guijarros llena de agua y vaporízala a diario. Si está entre otras plantas, aumentará la humedad. Limpia las hojas de polvo y trasplántala en primavera.

Calathea roseopicta
Altura: hasta 24 cm
Diámetro: hasta 15 cm

¿HOJAS LACIAS?

Podría deberse a un exceso de riego. O a que la planta esté en un lugar demasiado frío o expuesto a corrientes de aire.

❤ **SÁLVALA** *El sustrato debería estar húmedo pero no empapado. En invierno, riégala muy poco. Prueba a colocar la planta en un lugar más cálido y recogido.*

¡BICHOS!
(ver págs. 24-27)

Propensa a ataques de la **araña roja** en el follaje.

Borde marrón

¿BORDES O PUNTAS MARRONES?

Probablemente el aire sea demasiado seco, la hayas abonado en exceso o el agua de riego sea demasiado dura.

❤ **SÁLVALA** *Vaporiza la planta a diario y ponla en una bandeja con guijarros y agua destilada, filtrada o de lluvia. Agrúpala con otras plantas para aumentar la humedad.*

¿HOJAS DESCOLORIDAS O QUEMADAS?

A la planta le habrá dado el sol directo.

❤ **SÁLVALA** *Ponla en un sitio más umbrío.*

Hoja descolorida

CUIDADOS SIMILARES

PLANTA DE LA ORACIÓN
Maranta

Esta planta tiene las mismas necesidades que la calatea. Las hojas se pliegan por la noche como unas manos al rezar.

ESTROMANTE
Stromanthe

Al estromante le gusta más la humedad que a la calatea. Mantenlo a 18 °C como mínimo y no lo riegues con agua fría ni dura.

CINTA

Chlorophytum comosum

Las cintas son idóneas para principiantes porque son muy fáciles de cuidar. Colócalas en un macetero colgante.

¡BICHOS!
(ver págs. 24-27)

Propensa a la **araña roja** en el follaje.

CÓMO **NO** MATARLA

EMPLAZAMIENTO
Coloca la planta en una estancia que esté siempre entre 7 y 20 °C.

LUZ
Ponla en un lugar luminoso, pero lejos de la luz directa del sol.

RIEGO + ABONO
Mantén el sustrato tan solo húmedo. En invierno, riégala menos. Abónala cada varias semanas excepto en invierno.

CUIDADOS
Trasplanta las cintas jóvenes cada primavera a una maceta algo más grande, y las maduras, cuando las raíces, blancas y carnosas, empiecen a empujar a la planta en el recipiente y dificulten el riego. Las cintas maduras producen hijuelos que pueden cortarse y cultivarse aparte. Si tienen alguna raíz, plántalos en sustrato nuevo. Si no las tienen, déjalos en agua unas semanas hasta que empiecen a salir.

¿PUNTAS DE LAS HOJAS MARRONES?

La planta tolera el aire caliente y seco de las estancias con calefacción pero las puntas pueden volverse marrones. La falta de abono o de riego puede causar el mismo efecto.

SÁLVALA *Corta las puntas marrones y traslada la planta a una estancia más fresca. Abónala y riégala con regularidad.*

¿VETAS MARRONES EN LAS HOJAS EN INVIERNO?

Es lo que ocurre cuando la planta se ha regado en exceso con temperaturas frescas.

SÁLVALA *Retira las hojas que estén feas. En invierno, no riegues tanto la planta: basta con que el sustrato esté húmedo.*

Vetas marrones

¿HOJAS AMARILLAS?

La tierra que rodea las raíces está seca, y tal vez haya que trasplantar. También puede que se hayan podrido las raíces.

❤ **SÁLVALA** *Retira las hojas feas. Riégala bien de primavera a otoño. Trasplántala si el tiesto se abulta. Mira si se han podrido las raíces (ver págs. 28-29).*

¿HOJAS PÁLIDAS?

Tanto el sol fuerte y la falta de agua como, en invierno, la poca luz y las bajas temperaturas hacen palidecer las hojas.

❤ **SÁLVALA** *Retira la planta de la luz directa del sol y riégala bien. En invierno, trasládala a una estancia más cálida y luminosa.*

Chlorophytum comosum
Altura: hasta 20 cm
Diámetro: hasta 30 cm

CUIDADOS SIMILARES

POTUS
Epipremnum

Esta planta se cuida como la cinta. Trepará por un tutor de musgo o colgará de una maceta.

CABEZA DE FLECHA
Syngonium podophyllum

Cuídala igual que a las cintas. También trepa o cuelga y es idónea para maceteros colgantes.

CRISANTEMO

Chrysanthemum

Las flores pueden ser de muchos colores y duran varias semanas. Elige plantas que tengan flores abiertas y capullos.

¡BICHOS!
(ver págs. 24-27)

Propenso al **pulgón**, al **insecto minador** y a la **araña roja**.

CÓMO **NO** MATARLA

 EMPLAZAMIENTO
Mantén la planta a entre 10 y 15 °C, y las flores durarán más. Un alféizar en una estancia fresca resulta ideal.

LUZ
Colócala en un lugar bien luminoso pero evitando el sol directo.

RIEGO + ABONO
A los crisantemos les gusta el agua, así que mantén el sustrato húmedo (no empapado). Puedes abonar la planta al cabo de unas semanas. No echará flores tanto tiempo como para necesitar más abono.

CUIDADOS
Corta las flores marchitas. Los crisantemos suelen desecharse tras la floración, pero puedes intentar pasarlo al jardín. Antes de vender la planta, la tratan con hormonas para que no crezca, pero en el exterior debería recuperar su ritmo de crecimiento normal y tal vez florezca en otoño.

¿HOJAS MUSTIAS?
La planta necesita agua.

💗 **SÁLVALA** *Riega la planta y asegúrate de que el sustrato esté húmedo pero no empapado.*

 Hojas mustias

¿LAS FLORES NO DURAN?

Las altas temperaturas hacen que las flores se abran más rápido y se sequen antes.

♥ **SÁLVALA** *Trasládala a un lugar más fresco, que esté a entre 10 y 15 °C.*

¿PELUSA DE MOHO GRIS EN EL FOLLAJE?

El moho gris se llama botritis y puede deberse a que la planta haya estado demasiado tiempo envuelta en celofán.

♥ **SÁLVALA** *Retira las zonas afectadas y trata la planta con fungicida. Consulta Enfermedades (págs. 28-29).*

Pelusa de moho gris

Chrysanthemum

Altura y diámetro: hasta 30 cm

¿LOS CAPULLOS NO SE ABREN?

Quizá la planta no reciba suficiente luz. Si los capullos están verdes del todo, tal vez no se abran.

♥ **SÁLVALA** *Traslada la planta a un lugar más luminoso.*

CUIDADOS SIMILARES

ROSAS EN MINIATURA
Rosa

Cuidadas como los crisantemos, las rosas en maceta deberían durar varias semanas en el interior. Prueba a plantarlas en el jardín después de que florezcan. En invierno, hibernan.

PRÍMULA
Primula vulgaris

Aporta un agradable color al hogar en invierno y primavera. Cuídala igual y, cuando haya acabado de florecer, plántala en el jardín.

CLIVIA
Clivia miniata

Las clivias son originarias de Sudáfrica y producen una hermosa y única flor roja, naranja o amarilla a comienzos de primavera.

CÓMO NO MATARLA

EMPLAZAMIENTO
De primavera a finales de otoño, deja la planta en una estancia cálida. Durante los 3 meses de invierno, tenla en una habitación a 10 °C para que repose; así ayudarás a que se forme el capullo. Luego devuélvela a su lugar habitual.

LUZ
Quiere mucha luz, pero indirecta.

RIEGO + ABONO
De primavera a finales de otoño, mantén el sustrato húmedo. Reduce la frecuencia de riego en invierno para que el sustrato esté casi seco. Abónala una vez al mes de primavera a otoño y nunca en invierno.

 CUIDADOS
Limpia las hojas de vez en cuando. No traslades la maceta cuando la planta esté floreciendo o le haya salido el capullo. Tras la floración, corta el tallo de la flor muerta por la base. A finales de verano podría brotar otra. A las clivias les gusta estar prietas, así que no la trasplantes a no ser que las raíces sobresalgan de la maceta y ya haya florecido.

¿MANCHAS MARRONES O BLANQUECINAS?
El sol la ha quemado.

SÁLVALA
Aparta la planta de la luz directa del sol.

Manchas blanquecinas en las hojas

¡BICHOS!
(ver págs. 24-27)

Es propensa al ataque de las **cochinillas de la harina** y la **araña roja**.

¿HOJAS MARRONES EN LA BASE DE LA PLANTA?
Es lo que ocurre cuando las hojas viejas se marchitan.

SÁLVALA *Es normal, simplemente arranca las hojas marrones con cuidado.*

¿HOJAS AMARILLAS?

Puede deberse a una falta de abono o a una escasez o exceso de riego.

💗 **SÁLVALA** *Asegúrate de seguir las pautas de riego y abonado correctos para la estación (ver izquierda).*

Hojas amarillas

¿TALLO DE LA FLOR CORTO? ¿NO BROTA FLOR EN PRIMAVERA?

La planta no ha reposado en invierno o la maceta es demasiado grande. Si no, es que no se ha regado lo suficiente después del reposo.

💗 **SÁLVALA** *Si ha reposado, asegúrate de mantener el sustrato húmedo. Comprueba que la maceta no sea demasiado grande; el cepellón tendría que estar a solo 2 o 3 cm del borde del tiesto.*

Clivia miniata
Altura: hasta 45 cm
Diámetro: hasta 30 cm

ÁRBOL DE JADE

Crassula ovata

Esta suculenta precisa de pocos cuidados y es duradera. Es como un árbol pequeño y se dice que trae buena suerte. En invierno puede florecer.

CÓMO **NO** MATARLA

 EMPLAZAMIENTO
Colócala en un alféizar luminoso que esté a entre 18 y 24 °C. Tolera periodos de 10 °C en invierno.

 LUZ
Dale mucha luz, pero tamizada.

 RIEGO + ABONO
Riégala con moderación; deja secar los 2-3 cm superiores de sustrato entre riego y riego. En invierno, riégala muy de vez en cuando. Abónala una vez en primavera y otra en verano.

 CUIDADOS
Arranca las hojas viejas y marchitas. En primavera, pódala un poco para darle forma. Plántala en una maceta que pese porque, de otro modo, puede hacerla volcar.

¡BICHOS!
(ver págs. 24-27)

Tallos y hojas propensos a la **cochinilla de la harina**.

¿HOJAS AMARILLENTAS?

Probablemente se deba a un exceso de riego.

❤ **SÁLVALA** *Deja secar el sustrato y comprueba que la maceta drene bien.*

¿LAS HOJAS SE CAEN?

Las hojas viejas se marchitan y caen de forma natural, pero las hojas jóvenes se caen si están en una situación de estrés (traslado brusco a un lugar con mucha luz o exceso o falta de riego).

❤ **SÁLVALA** *Riégala si el sustrato está muy seco o deja que se seque si está empapado. Si quieres cambiar la planta de sitio, hazlo paulatinamente a lo largo de una semana para que pueda aclimatarse.*

Hojas caídas

¿HOJAS Y TALLOS ARRUGADOS?

A la planta le falta agua.

❤ **SÁLVALA** *Si riegas la planta un poco cada día a lo largo de varios días, las hojas se recuperarán enseguida. No dejes que el sustrato quede anegado.*

Hoja arrugada

PLANTA ROSARIO
Senecio rowleyanus

Esta vistosa planta colgante tiene unas necesidades parecidas a las del árbol de jade.

RISTRA DE CORAZONES
Ceropegia woodii

Esta planta de hojas carnosas y necesidades similares es idónea para un macetero colgante.

Crassula ovata

Altura y diámetro: hasta 1 m

¿PLANTA ESPIGADA?

Necesita más luz.

❤ **SÁLVALA** *Trasládala a un lugar más soleado.*

VIOLETA DE PERSIA

Cyclamen persicum

Una planta de interior encantadora que de otoño a primavera nos regala unas flores brillantes.

CÓMO **NO** MATARLA

✓ EMPLAZAMIENTO

La violeta de Persia se mantiene florida varios meses en una estancia fresca, si se compra con los capullos en otoño (cuando empieza la floración). No le gustan las temperaturas elevadas pero tampoco congelarse. Mantenla a entre 10 y 15 °C.

LUZ

Colócala lejos del sol directo; lo idóneo sería un alféizar orientado al norte.

RIEGO + ABONO

Mantén el sustrato apenas mojado. Riega la planta desde abajo dejándola en un plato con agua unos 30 minutos (ver Riego, págs. 18-19). Así se evita que se humedezcan hojas y tallos.

CUIDADOS

Retira las hojas secas o marchitas dándoles un tirón seco o cortándolas. La mayoría de las plantas se desechan después de florecer, pero pueden mantenerse con vida año tras año (ver ¿Sin flores?).

Hoja amarillenta

¿FOLLAJE AMARILLO?

La planta pasa demasiado calor, se ha regado en exceso, le falta agua o ha estado expuesta al sol directo. Si es primavera, quizá sea un proceso natural.

♥ **SÁLVALA** *Retira las hojas amarillas. Apártala del sol directo y mantenla a unos 15 °C, con el sustrato ligeramente húmedo. Riégala desde abajo (ver Riego, págs. 18-19).*

¿POCAS FLORES?

La planta florece mejor con temperaturas bajas, y el calor hace que entre en estado durmiente antes de tiempo. Al acercarse el final de la temporada, la planta dejará de florecer.

☀ **SÁLVALA** *Comprueba que la planta no esté en un lugar demasiado caluroso y asegúrate de que recibe los cuidados adecuados (ver izquierda). Compra tus violetas de Persia en otoño y elige la planta que tenga más capullos; así te dará flores durante más tiempo, porque los capullos se irán abriendo a medida que las flores viejas se marchiten.*

CUIDADOS SIMILARES

AZALEA
Rhododendron simsii
Hay que cuidar de ella igual que de la violeta de Persia, manteniendo el sustrato húmedo con agua blanda o de lluvia, ya que no le gusta la cal. Para florecer bien, necesita un lugar fresco.

¿PLANTA MUSTIA?

Es probable que haya recibido demasiada agua, y quizá la corona se haya podrido.

☀ **SÁLVALA** *Comprueba que no se haya podrido la base de los tallos; retira las zonas afectadas. Para más información, consulta Enfermedades (págs. 28-29). Si la corona está podrida, es probable que la planta muera.*

Corona podrida

Cyclamen persicum
Altura: hasta 20 cm
Diámetro: hasta 15 cm

¿SIN FLORES?

En verano, la violeta de Persia se seca y pasa a estar en estado durmiente.

☀ **SÁLVALA** *En primavera, cuando deje de florecer y las hojas se vuelvan amarillas y se marchiten, deja de regarla. En verano, pon la planta en el exterior, en un lugar umbrío y seco, y mantén el sustrato ligeramente húmedo. Si vives en una zona húmeda, coloca la maceta de lado para que el agua de lluvia se escurra. En otoño, devuélvela al interior y, cuando veas que vuelve a crecer, empieza a regarla de nuevo.*

DIEFFENBACHIA

Dieffenbachia

La savia de la dieffenbachia es tóxica y puede causar unos trastornos en la boca que impiden hasta hablar. Destaca por su exuberante follaje.

CÓMO **NO** MATARLA

EMPLAZAMIENTO
Mantenla en una estancia cálida, a entre 16 y 24 °C. La dieffenbachia es un poco delicada y no le gustan las corrientes de aire frío ni el aire seco.

LUZ
Colócala en semisombra en verano. En invierno, pásala a un lugar más luminoso.

RIEGO + ABONO
De primavera a otoño, riégala cuando los 2-3 cm superiores del sustrato estén secos. Riégala muy de vez en cuando en invierno. Abónala una vez al mes.

CUIDADOS
Para proporcionarle humedad, pulveriza las hojas con regularidad y colócala en una bandeja con guijarros llena de agua. Limpia las hojas una vez al mes. Trasplántala en primavera.

¡BICHOS!
(ver págs. 24-27)
Propensa a la **cochinilla de la harina** en el follaje.

¿AMARILLEAN LAS HOJAS INFERIORES?

Casi seguro que sufre frío o corrientes de aire.

SÁLVALA *Trasládala a una estancia más cálida, sin corrientes de aire.*

¿HOJAS PÁLIDAS?

Si hay demasiada luz o sol directo, las hojas parecerán descoloridas y deslavazadas.

SÁLVALA *Traslada la planta a un lugar más umbrío.*

¿LAS HOJAS SE CAEN?

La estancia quizá esté demasiado fría o haya demasiada corriente.

❤ **SÁLVALA** *Traslada la planta a un lugar más cálido y asegúrate de que no haya corrientes de aire.*

¿BORDES DE LAS HOJAS MARRONES?

Quizá el sustrato esté demasiado seco, o tal vez la causa sea el aire seco o frío. También puede que hayas abonado demasiado la planta.

❤ **SÁLVALA** *Riégala hasta que el sustrato esté húmedo, pero no empapado, y deja secar solo los 2-3 cm superiores entre riego y riego. Lleva la planta a un lugar más cálido y húmedo, y comprueba que estás siguiendo la pauta de abono correcta (ver izquierda).*

Dieffenbachia seguine

Altura y diámetro: hasta 60 cm

CUIDADOS SIMILARES

FILODENDRO DE HOJA ACORAZONADA
Philodendron scandens

Esta planta de hojas brillantes suele venderse trepando por un tutor de musgo y tolera los lugares umbríos. Cuídala igual que a la dieffenbachia.

FILODENDRO ROJO
Philodendron erubescens

Esta trepadora de crecimiento lento tiene unas necesidades similares. Cuando es joven, sus hojas son rojizas.

VENUS ATRAPAMOSCAS

Dionaea muscipula

Esta fascinante planta carnívora posee unas trampas que se cierran de golpe cuando un insecto se posa en ellas. Acto seguido, la planta digiere al insecto lentamente.

CÓMO NO MATARLA

EMPLAZAMIENTO
Coloca la planta en un alféizar orientado al sur de una estancia con calor moderado (7-21 °C). En invierno, tenla en una habitación sin calefacción.

LUZ
Ofrécele mucha luz, directa en parte.

RIEGO + ABONO
En su época de crecimiento, mantén el sustrato húmedo (ponla en un plato con agua), y humedécela apenas en la época de reposo. Utiliza agua destilada, filtrada o de lluvia. No la abones, ya que la planta obtiene sus nutrientes de los insectos que atrapa. Si no hay insectos en el interior, en verano déjala varios días seguidos en el exterior para que los aprese.

CUIDADOS
Plántala en una mezcla de sustrato especializado muy bajo en nutrientes. Corta las trampas muertas con unas tijeras. La planta puede florecer en verano, pero es preferible cortar las flores para no debilitarla. Trasplántala si es necesario a comienzos de primavera.

Lóbulos verdes y caídos

¿LÓBULOS VERDES Y CAÍDOS?

Es señal de que la planta no está contenta con la pauta de riego o la humedad. Podría morir rápido si no se remedia enseguida.

 SÁLVALA *Aumenta la humedad pulverizando las hojas. Revisa la pauta de riego (ver izquierda).*

¿TRAMPAS NEGRUZCAS?

Las trampas suelen morir en otoño e invierno, cuando la planta hiberna.

SÁLVALA *Es normal. Cuando la planta se reactive, después del invierno, producirá trampas nuevas.*

¿TRAMPAS DE COLORES FEOS?

Puede suceder si la planta pasa de un lugar sombrío a otro muy soleado de forma brusca.

🖤 **SÁLVALA** *Aclimata la planta a un lugar más luminoso poco a poco a lo largo de una semana.*

Hojas quemadas

¿LA TRAMPA NO SE CIERRA?

Es probable que se deba a que unos dedos curiosos toquetean la planta demasiadas veces.

🖤 **SÁLVALA** *Cada trampa se cierra cuatro o cinco veces en toda su vida, así que vence la tentación de «engañarla».*

¡BICHOS!
(ver págs. 24-27)

Propensa al ataque del **pulgón** y la **araña roja**.

Dionaea muscipula
Altura: hasta 45 cm
Diámetro: hasta 15 cm

CUIDADOS SIMILARES

SARRACENIA
Sarracenia

Esta planta atrae insectos que caen en ella, y los ahoga. Presenta las mismas necesidades que la venus atrapamoscas.

COPA DE MONO
Nepenthes

Los insectos quedan atrapados en las jarras de colores vivos de esta planta. Cuídala igual que a la venus atrapamoscas.

LAS 5 MEJORES PLANTAS PARA
RINCONES SOLEADOS

El sol puede quemar las hojas de muchas plantas de interior, pero a algunas, como las chumberas y las suculentas, les encanta el sol. Aclimátalas poco a poco y, en verano, protégelas del fuerte sol del mediodía. Agrupadas quedan muy bien. Aquí tienes estas cinco para probar.

Echeveria
Echeveria

Esta suculenta, también llamada rosa de alabastro, forma rosetas y tolera el sol directo. La echeveria produce bonitas flores acampanadas, amarillas, naranjas o rosas.

Ver Echeveria,
págs. 72-73.

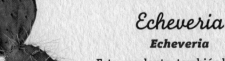

Chumbera
Opuntia

Los cactus toman infinidad de formas y tamaños. Este es originario de las regiones áridas de América del Norte, Central y del Sur. ¡De manera que no es de extrañar que le encante la luz!

Ver Chumbera, págs. 98-99.

Árbol de jade
Crassula ovata

Esta planta necesita mucha luz y tolera un poco de sol directo. Suele comprarse pequeña, por lo que resulta idónea para un alféizar soleado. Dura muchos años y puede llegar a producir flores pequeñas cada invierno.

Ver Árbol de jade, págs. 58-59.

Aloe vera
Aloe vera

A esta suculenta espinosa le gustan los lugares muy luminosos, e incluso tolera cierta luz directa del sol. El aloe adulto produce hijuelos en la base.

Ver Aloe vera, págs. 38-39.

Venus atrapamoscas
Dionaea muscipula

Esta divertida planta necesita mucha luz y un poco de sol directo. Cuando un insecto se posa en sus hojas articuladas, se cierran y la presa queda atrapada.

Ver Venus atrapamoscas, págs. 64-65.

TRONCO DEL BRASIL

Dracaena fragrans

Este arbusto se cultiva por sus bonitas hojas y es agradecido. Aguanta bien incluso una pauta de riego irregular.

CÓMO **NO** MATARLO

EMPLAZAMIENTO
Coloca la planta cerca de una ventana orientada al este o el oeste en una estancia que esté a entre 13 y 21 °C.

LUZ
No le gusta el sol directo.

RIEGO + ABONO
De primavera a otoño, riégalo a discreción cuando los 2-3 cm superiores del sustrato estén secos. En invierno, mantén el sustrato húmedo. Abónalo una vez al mes de primavera a otoño, pero no durante el invierno. Sobrevive con riego irregular durante cierto tiempo.

CUIDADOS
Limpia las hojas de vez en cuando y arranca las muertas. Pon la planta en una bandeja con guijarros llena de agua y vaporízala varias veces por semana.

¡BICHOS!
(ver págs. 24-27)

Vigila con las **cochinillas de la harina** y los **insectos escama** en las hojas.

¿HOJAS MARCHITAS?

Podría deberse a un exceso o una falta de riego. Otra posibilidad es que tenga las raíces podridas.

SÁLVALA *Asegúrate de regarla correctamente (ver izquierda). Comprueba que la maceta drene bien. Si no mejora, mira si se han podrido las raíces y retira las zonas afectadas. Para más información, consulta Enfermedades (págs. 28-29).*

¿PUNTAS DE LAS HOJAS MARRONES?

Probablemente se deba a la sequedad del aire, pero también es posible que la planta esté recibiendo poca agua.

❤ **SÁLVALA** *Aumenta la humedad y asegúrate de regar la planta como corresponde según la estación (ver izquierda).*

Dracaena fragrans
Altura: hasta 1,5 m
Diámetro: hasta 75 cm

¿HOJAS AMARILLENTAS EN LA BASE?

Al cabo de dos años, cada hoja se vuelve amarillenta de forma natural y cae.

❤ **SÁLVALA** *¡No te preocupes! Tan solo arranca con cuidado las hojas amarillentas.*

Hoja amarillenta ⟶

DRÁCENA DE HOJA FINA
Dracaena marginata

Esta drácena necesita los mismos cuidados. Es espigada, lo cual es una ventaja si tienes poco espacio.

CANCIÓN DE LA INDIA
Dracaena reflexa

Otra drácena, cuyas hojas frondosas, a modo de palmera, se disponen en espiral alrededor del tallo principal.

BAMBÚ DE LA SUERTE

Dracaena sanderiana

¡Una planta para un buen feng shui!

CÓMO **NO** MATARLO

EMPLAZAMIENTO
Mantén la planta a entre 16 y 24 °C, y nunca a menos de 10 °C en invierno. Evita los lugares con corriente o que sufran grandes cambios de temperatura.

LUZ
Colócala en un lugar luminoso, evitando el sol directo.

RIEGO + ABONO
Riega esta planta con agua destilada, filtrada o de lluvia, porque es sensible a las sustancias químicas que contiene el agua del grifo. Si la cultivas en sustrato, riégala cuando esté ligeramente seco al tacto. En invierno, riégala menos. Abónala una vez en primavera y otra en verano. Si crece en agua, adminístrale un abono ligero cada dos meses.

CUIDADOS
Si crece en sustrato, trasplántalo cada dos años. Si crece en agua, necesita una profundidad de al menos 5 cm; asegúrate de que las raíces queden sumergidas. Refréscalo con agua templada cada semana.

¿PUNTAS DE LAS HOJAS MARRONES?
Tanto si crece en agua como en sustrato, puede deberse a las sustancias químicas del agua del grifo o a que la estancia sea demasiado seca.

SÁLVALA *Riega la planta con agua destilada, filtrada o de lluvia. Si el problema puede deberse a falta de humedad, vaporiza las hojas cada dos días.*

¿ALGAS EN EL AGUA?
Solo ocurre si la planta crece en agua. Se debe a las sustancias químicas del agua del grifo o a un exceso de luz.

SÁLVALA *Limpia el recipiente y los guijarros. O pasa la planta a un recipiente opaco y llénalo con agua destilada, filtrada o de lluvia. Retira la planta de la luz directa del sol.*

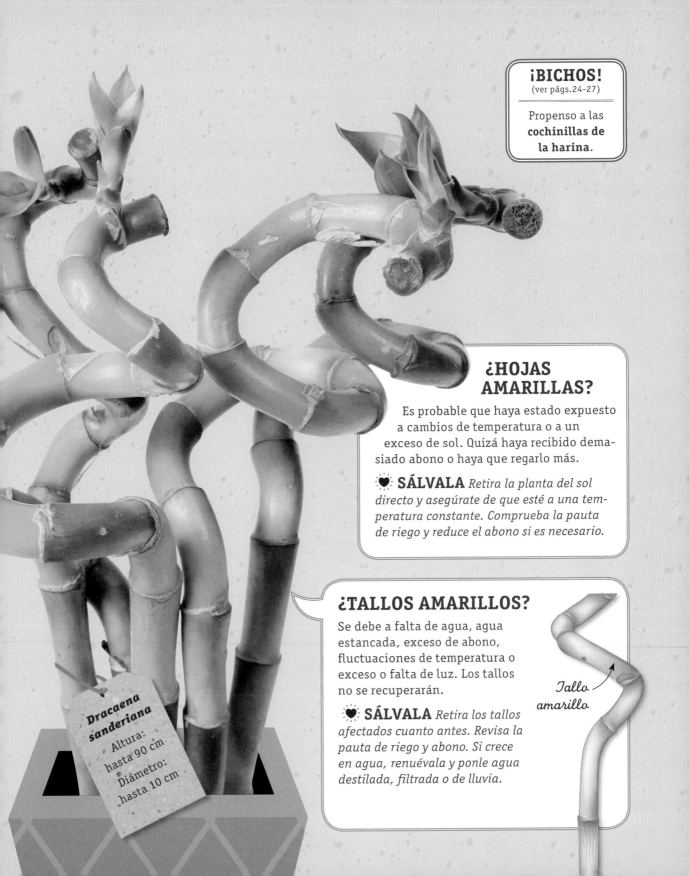

¡BICHOS!
(ver págs.24-27)

Propenso a las **cochinillas de la harina**.

¿HOJAS AMARILLAS?

Es probable que haya estado expuesto a cambios de temperatura o a un exceso de sol. Quizá haya recibido demasiado abono o haya que regarlo más.

💗 **SÁLVALA** *Retira la planta del sol directo y asegúrate de que esté a una temperatura constante. Comprueba la pauta de riego y reduce el abono si es necesario.*

¿TALLOS AMARILLOS?

Se debe a falta de agua, agua estancada, exceso de abono, fluctuaciones de temperatura o exceso o falta de luz. Los tallos no se recuperarán.

💗 **SÁLVALA** *Retira los tallos afectados cuanto antes. Revisa la pauta de riego y abono. Si crece en agua, renuévala y ponle agua destilada, filtrada o de lluvia.*

Tallo amarillo

Dracaena sanderiana

Altura: hasta 90 cm

Diámetro: hasta 10 cm

ECHEVERIA

Echeveria

Esta suculenta, también llamada rosa de alabastro, tiene muchas variedades, y todas producen flores diminutas.

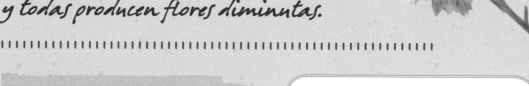

CÓMO **NO** MATARLA

✓ EMPLAZAMIENTO
Mantén la planta a entre 10 y 24 °C. Tolera temperaturas inferiores si el sustrato no está húmedo.

LUZ
Colócala en un lugar muy luminoso. Tolera el sol directo, siempre y cuando se aclimate a él de forma gradual.

RIEGO + ABONO
De primavera a otoño, riégala cuando los 2-3 cm superiores de sustrato estén secos. En invierno, muy poco. Abónala una vez al mes en primavera y verano.

CUIDADOS
Extiende una capa de grava sobre el sustrato para que el cuello esté seco y la planta luzca más. No la tengas en una maceta demasiado grande porque la echeveria prefiere estar un poco prieta. Cuando la plantes, mezcla un poco de gravilla de jardinería con el sustrato para mejorar el drenaje. Los ejemplares jóvenes necesitan más cuidados que los adultos. En verano, le gusta estar en el exterior.

¿HOJAS SECAS Y MARCHITAS EN LA BASE?

Lo único que pasa es que las hojas viejas se van secando. Es normal y no hay de qué preocuparse.

❤ **SÁLVALA** *Arranca las hojas muertas con suavidad.*

¿ZONAS DESCOLORIDAS O MARRONES?

Tal vez el sol haya quemado las hojas o se hayan podrido allí donde se hayan acumulado gotas de agua.

❤ **SÁLVALA** *Aparta la planta de la luz directa del sol. No salpiques las hojas; riégala desde abajo si es necesario (ver Riego, págs. 18-19).*

¡BICHOS!
(ver págs. 24-27)

Propensa a la **cochinilla de la harina** en las hojas y, si en verano se deja en el exterior, a las larvas de **gorgojo** en el sustrato.

¿ESTÁ AMARILLA, TRASLÚCIDA O EMPAPADA?

Lo más probable es que se deba a un exceso de riego y, si no se remedia, puede causar la putrefacción de la planta.

❤ **SÁLVALA** *Reduce el riego y comprueba que el sustrato y la maceta drenen bien.*

¿HOJAS ARRUGADAS?

La planta necesita agua.

❤ **SÁLVALA** *Riégala un poco durante unos días y las hojas enseguida recuperarán su aspecto regordete.*

CUIDADOS SIMILARES

PLANTA DEL AIRE
Aeonium
Esta suculenta también produce rosetas y se cuida de igual modo. Se presenta en una gran variedad de colores.

BOCA DE TIGRE
Faucaria
Cuida de esta suculenta del mismo modo. Aunque los bordes de las hojas parecen espinosos, no pinchan.

Echeveria secunda var. *glauca*
Altura y diámetro: hasta 10 cm

FLOR DE PASCUA

Euphorbia pulcherrima

Las brácteas rojas de la flor de pascua le dan un aspecto festivo. El frío puede matarla, así que envuélvela bien para llevártela a casa.

CÓMO NO MATARLA

EMPLAZAMIENTO
Pon la planta en un lugar cálido y luminoso, lejos de corrientes o radiadores, en una estancia que esté entre 15 y 23 °C. Mantenla a temperatura constante.

LUZ
Colócala en un lugar luminoso, pero donde no le dé el sol directo.

RIEGO + ABONO
Riégala de modo que el sustrato esté húmedo pero no empapado. Deja secar los 1-2 cm superiores del sustrato antes de volver a regarla. Deja drenar el exceso de agua.

CUIDADOS
La humedad hará que las brácteas duren más, así que ponla en una bandeja con guijarros llena de agua y vaporízala de vez en cuando, sobre todo si está en una estancia con calefacción central.

¡BICHOS!
(ver págs. 24-27)

Hojas propensas al ataque de la **cochinilla de la harina** y la **araña roja**.

Bráctea pálida

¿ BRÁCTEAS Y HOJAS PÁLIDAS?

Es normal que suceda con el tiempo. Tal vez la planta no reciba suficiente luz o haga demasiado calor.

SÁLVALA *Llévala a un lugar más luminoso. Si está a más de 23 °C, trasládala a un lugar más fresco. Colócala en una bandeja con guijarros llena de agua y vaporiza las hojas.*

¿PUNTAS O BORDES MARRONES?

El aire es demasiado seco.

SÁLVALA *Vaporiza las hojas con frecuencia, sobre todo si la planta está en una estancia con calefacción.*

¿HOJAS AMARILLENTAS, QUE SE CAEN?

Quizá la planta esté en un entorno demasiado cálido y seco, o tal vez no reciba suficiente luz o agua.

❤ **SÁLVALA** *Asegúrate de que la planta no esté cerca de un radiador y de que disponga de suficiente luz. Riégala si el sustrato está seco. Colócala en una bandeja con guijarros llena de agua y vaporiza las hojas.*

¿YA NO HAY BRÁCTEAS?

Las brácteas se marchitan en primavera, pero puedes intentar que la planta florezca al año siguiente.

❤ **SÁLVALA** *A mediados de primavera, pódala hasta unos 10 cm de altura, trasplántala y riégala. En verano, tenla en un lugar fresco con luz indirecta (a unos 15 °C). A comienzos de otoño, pon la planta en una alacena o tápala con una bolsa de plástico negro durante 14 horas cada noche a lo largo de diez semanas. No olvides sacarla durante el día. Debería florecer de nuevo para Navidad.*

Euphorbia pulcherrima

Altura y diámetro: hasta 60 cm

¿PLANTA MARCHITA O QUE PIERDE HOJAS?

Las hojas suelen caerse después de marchitarse. Puede haber sufrido frío o corrientes, una falta o un exceso de riego o un cambio brusco de entorno.

❤ **SÁLVALA** *Si sufre falta de riego, sumerge la planta en agua templada una hora; debería revivir enseguida. Si ha sido regada en exceso, mira si tiene raíces podridas y retira las zonas afectadas (consulta Enfermedades, págs. 28-29). Deja que el sustrato se seque antes de volver a regar. Pon la planta en un lugar cálido, sin corrientes de aire. Si ha pasado frío, es probable que muera.*

FICUS LIRA

Ficus lyrata

Arbusto frondoso y exótico que da un toque selvático al salón.

||||||||||||||||||||||||||||||||

CÓMO **NO** MATARLO

EMPLAZAMIENTO
Elige un lugar luminoso en una estancia más bien cálida (entre 18 y 24 °C), lejos de radiadores o corrientes y con una temperatura que no baje de 13 °C en invierno. A esta planta no le gusta que la cambien de sitio, así que, cuando le encuentres el lugar idóneo, déjala ahí.

LUZ
Ponlo en un lugar luminoso pero sin sol directo en verano: le quemaría las hojas.

RIEGO + ABONO
De primavera a otoño, riégalo solo cuando los 2-3 cm superiores de la tierra estén secos. En invierno, de vez en cuando. Abónalo una vez al mes en primavera y verano.

CUIDADOS
Limpia el polvo de las hojas. Vaporízalas de vez en cuando, más en verano o si la estancia tiene calefacción. Quizá tengas que sostener la planta con una caña. Mientras el ficus sea joven, trasplántalo a una maceta algo más grande cada primavera. Cuando haya madurado, cambia solo los 5 cm superiores de sustrato.

Planta entera

¡BICHOS!
(ver págs. 24-27)

El follaje es propenso a la **cochinilla de la harina**, los **insectos escama** y la **araña roja**.

¿PÉRDIDA REPENTINA DE HOJAS?

Si cambias la planta de sitio es posible que pierda muchas hojas de golpe por estrés. También puede que se deba a aire seco o a una falta o un exceso de riego, una falta o un exceso de abono, a la temperatura o a las corrientes.

SÁLVALA *Evita cambiar la planta de sitio. Si no la has movido últimamente, revisa el emplazamiento y la pauta de cuidados.*

¿PUNTAS DE LAS HOJAS MARRONES?

Probablemente se deba a una baja humedad o a un riego inadecuado o irregular.

💖 **SÁLVALA** *Vaporiza las hojas con regularidad, sobre todo en estancias con calefacción. Riega la planta a intervalos regulares y de modo que el agua llegue a todo el cepellón.*

Ficuslyrata

Altura:
hasta 3 m
Diámetro:
hasta 1 m

Mancha

¿MANCHAS OSCURAS EN LAS HOJAS?

Las manchas oscuras pueden deberse a un exceso de sol. Si son puntos, pueden ser de la hoja.

💖 **SÁLVALA** *Apártala del sol directo. Retira las hojas manchadas y trata la planta con fungicida (ver Enfermedades, págs. 28-29).*

CUIDADOS SIMILARES

FICUS BENJAMINA
Ficus benjamina

Cuida de este ficus igual que del ficus lira. Mantenlo lejos de corrientes de aire y radiadores y evita cambiarlo de sitio.

ÁRBOL DEL CAUCHO
Ficus elastica

Una alternativa al ficus lira de fácil cuidado. Limpia las hojas con frecuencia y no lo riegues en exceso.

FITONIA
Fittonia

Esta asombrosa planta de la selva tropical peruana se cultiva por sus hojas nervadas. La verschaffeltii tiene las nervaduras rojas.

CÓMO **NO** MATARLA

EMPLAZAMIENTO
A esta planta le encanta el calor, así que colócala en una estancia que esté entre 15 y 23 °C. Si la temperatura es constante, el cuarto de baño o la cocina resultan ideales. La fitonia también crece bien en un terrario.

LUZ
Coloca la planta en una bandeja con guijarros llena agua y vaporiza las hojas a diario para humedecerla como necesita.

RIEGO + ABONO
De primavera a otoño, riégala bien con agua templada cuando el centímetro superior de sustrato esté seco pero asegúrate de que drene. Riégala menos en invierno y no dejes que el sustrato de la planta esté frío y húmedo.

CUIDADOS
Coloca la planta en una bandeja con guijarros llena agua y vaporiza las hojas a diario para proporcionarle la humedad necesaria.

Fittonia verschaffeltii
Altura: hasta 15 cm
Diámetro: indefinido

¡BICHOS!
(ver págs. 24-27)

Propensa al **pulgón**.

Pulgones en la cara inferior de una hoja joven

¿LA PLANTA SE HA DERRUMBADO?

La fitonia tiende a caer de forma exagerada cuando el sustrato está demasiado seco.

❤ **SÁLVALA** *Riégala bien y vaporiza las hojas. Asegúrate de regarla de la forma correcta (ver izquierda). Si el sustrato lleva seco un cierto tiempo, la planta quizá no se recupere.*

¿PUNTAS DE LAS HOJAS MARRONES?

Se debe a una falta de humedad.

❤ **SÁLVALA**
Vaporiza las hojas con regularidad y pon la planta en una bandeja con guijarros llena de agua.

¿HOJAS AMARILLAS?

Lo más probable es que se deba a un exceso de riego.

❤ **SÁLVALA** *A la fitonia le gusta la humedad, pero no que el sustrato esté empapado. Retira las hojas amarillas y asegúrate de que el sustrato se seque entre riego y riego.*

Hojas amarillentas

CUIDADOS SIMILARES

ORTIGA DE TERCIOPELO
Gynura aurantiaca

Es difícil vencer la tentación de acariciar las hojas aterciopeladas de esta planta. Tiene necesidades similares a las de la fitonia pero prefiere más luz.

HOJA DE LA SANGRE
Hypoestes

Esta planta tiene necesidades similares aunque tolera más luz. Es apropiada para un terrario.

HIEDRA COMÚN

Hedera helix

A diferencia de muchas plantas de interior, esta trepadora resistente prefiere el fresco, por lo que será un buen complemento en una estancia más bien fría.

CÓMO **NO** MATARLA

EMPLAZAMIENTO

Ponla en una estancia fresca o incluso fría (2-16 °C). Debería crecer por un tutor, en un macetero colgante o en una maceta sobre una estantería. Es idónea para los porches no climatizados y para los pasillos con corriente de aire.

LUZ

Colócala en un lugar con luz tamizada. Las especies monocolores toleran aún menos luz.

RIEGO + ABONO

De primavera a otoño, mantén el sustrato húmedo pero no mojado y riégala cuando los 2-3 cm superiores de sustrato estén secos. Riégala menos en invierno. Abónala una vez al mes en primavera y verano.

CUIDADOS

Vaporiza la planta cuando haga calor. Trasplántala en primavera si las raíces llenan la maceta.

Hedera helix
Altura y diámetro: hasta 30 cm

¿CRECE ESPIGADA?

La estancia es demasiado cálida o la planta no recibe luz suficiente.

❤ SÁLVALA

Trasládala a un lugar más fresco y luminoso. Corta las zonas afectadas para que crezca más frondosa.

¿PUNTAS O BORDES MARRONES?

El ambiente es demasiado cálido y seco.

❤ **SÁLVALA** *Vaporiza las hojas o ponla en un lugar más fresco, sobre todo si está en una estancia con calefacción o si hace calor.*

Bordes de las hojas secos y marrones

¿LAS HOJAS JASPEADAS SE VUELVEN TODAS VERDES?

La planta no recibe luz suficiente.

❤ **SÁLVALA** *Trasládala a un lugar más luminoso.*

Las hojas han perdido sus vetas

Indicios de araña roja

¡BICHOS!
(ver págs. 24-27) │ Propensa a la **araña roja** en el follaje.

CUIDADOS SIMILARES

LAUREL MANCHADO
Aucuba japonica
Este arbusto de jardín de hoja perenne se cuida como la hiedra. Es idóneo para un lugar fresco, como un porche o un vestíbulo.

ARALIA DEL JAPÓN
Fatsia japonica
Otro arbusto de jardín de hoja perenne que necesita los mismos cuidados que la hiedra.

AMARILIS

Hippeastrum

Esta planta bulbosa suele venderse en un kit y, si recibe los cuidados adecuados, produce unas flores preciosas año tras año.

CÓMO **NO** MATARLA

EMPLAZAMIENTO
Mantén el bulbo plantado en un lugar luminoso a unos 20 °C y lejos de corrientes de aire. Cuando haya florecido, trasládala a un lugar algo más fresco para prolongar la vida de las flores.

LUZ
Colócala en un lugar luminoso sin que le dé el sol directo.

RIEGO + ABONO
Mantén el sustrato húmedo pero no empapado. Abónala una vez al mes.

CUIDADOS
La amarilis suele venderse en un kit con sustrato y maceta. Planta el bulbo en otoño o invierno en una maceta un poco más grande que el bulbo, en sustrato universal, con perlita para que drene. No entierres el bulbo entero: el cuello y los «hombros» deben sobresalir. Debería florecer entre 6 y 8 semanas después de plantarlo. Gira la maceta con regularidad para evitar que la planta crezca hacia la luz.

¡BICHOS!
(ver págs. 24-27)

Propensa a la **cochinilla de la harina** en las hojas y alrededor de la planta.

¿NO SALEN MÁS FLORES?

En primavera, las flores de la amarilis se marchitan, pero pueden volver a florecer el invierno o la primavera siguientes.

❤ **SÁLVALA** *Corta el tallo de la flor seca a unos 5 cm por encima del bulbo y abónala y riégala como de costumbre. En verano puedes ponerla en el exterior. A comienzos de otoño, dale un periodo de reposo en una estancia a entre 10 y 13 °C. Deja de abonarla y reduce el riego durante ese tiempo. Las hojas se secarán. Al cabo de 8-10 semanas de reposo, sustituye los 5 cm superiores de sustrato, devuélvela a una estancia cálida, abónala y riégala como antes. Al cabo de 6-8 semanas debería florecer.*

Hippeastrum

Altura: hasta 60 cm
Diámetro: hasta 30 cm

¿EL TALLO TARDA EN DESARROLLARSE?

Tal vez la planta acuse demasiado frío.

❤ **SÁLVALA** *Trasládala a un lugar más cálido (unos 20 °C). Comprueba que el sustrato esté húmedo pero no empapado.*

¿NO FLORECE EL INVIERNO SIGUIENTE?

Es posible que la planta no haya reposado lo suficiente en las condiciones adecuadas.

❤ **SÁLVALA** *Dale un periodo de reposo de entre 8 y 10 semanas, suficiente luz y los cuidados adecuados (ver ¿No salen más flores?).*

KENTIA

Howea fosteriana

Esta palmera, que se popularizó en el siglo XIX, precisa de pocos cuidados y da un toque de elegancia en el hogar.

CÓMO **NO** MATARLA

EMPLAZAMIENTO
Mantén la planta a entre 18 y 24 °C, y a una temperatura mínima de 12 °C en invierno. Necesita humedad y debería estar lejos de radiadores.

LUZ
Colócala en un lugar luminoso pero con luz indirecta, pues el sol directo le quemaría las hojas.

RIEGO + ABONO
Riégala en primavera y verano de forma que el sustrato esté húmedo, pero déjalo secar ligeramente entre riego y riego. Reduce el riego en invierno. Abónala una vez al mes en primavera y verano.

CUIDADOS
Limpia las hojas con regularidad; puedes duchar la planta con agua templada o colocarla bajo una lluvia estival. Trasplántala cuando aparezcan raíces por encima del sustrato o cuando sobresalgan por los agujeros de drenado. Vaporiza las hojas con regularidad para darle humedad, y con más frecuencia si la tienes en una estancia cálida.

Planta entera

¿PUNTAS MARRONÁCEAS?

Quizá el ambiente sea demasiado seco o demasiado frío. Otra posibilidad es que necesite más riego.

SÁLVALA *Aparta la planta de radiadores. Dale más calor si es necesario y riégala si el sustrato está seco. Corta las puntas marrones con unas tijeras por el interior de la zona marrón.*

Howea fosteriana
Altura: hasta 3 m
Diámetro: hasta 80 cm

¡BICHOS!
(ver págs.24-27)

Propensa a los **insectos escama**, las **cochinillas de la harina** y la **araña roja** en el follaje.

¿HOJAS MATES?

La falta de brillo de las hojas puede deberse a una humedad escasa.

❤️ **SÁLVALA** *Aléjala de radiadores y vaporiza las hojas con frecuencia.*

¿HOJAS AMARILLENTAS?

Las hojas inferiores amarillean con el tiempo. Si el problema está generalizado, podría deberse a una falta de riego.

❤️ **SÁLVALA** *Revisa la pauta de riego (ver izquierda).*

¿HOJAS MARRONES?

Es normal que ocurra en las hojas inferiores cuando mueren, pero puede deberse a un exceso de riego.

❤️ **SÁLVALA** *Corta las hojas marrones de la base con unas tijeras. Revisa la pauta de riego (ver izquierda).*

CUIDADOS SIMILARES

PALMERA DE SALÓN
Chamaedorea elegans

Palmera fácil de cultivar siguiendo las mismas pautas. Es bastante compacta y solo alcanza alrededor de un metro.

ARECA
Dypsis lutescens

Otra palmera similar con las mismas necesidades. Le gustan los espacios luminosos y un ambiente ligeramente húmedo.

LAS 5 MEJORES PLANTAS PARA
EL CUARTO DE BAÑO

Una planta da al baño un toque verde y exuberante. Y a muchas de ellas les encanta la humedad que se produce en ese espacio. Aquí tienes cinco especies entre las que escoger.

Fitonia
Fittonia

Esta planta de la selva luce un hermoso follaje nervado. Le encanta la humedad, por lo que resulta idónea para el baño. Colócala en semisombra.

Ver Fitonia, págs. 78-79.

Culantrillo
Adiantum raddianum

Si te duchas y bañas mucho, el culantrillo estará contento, porque le encantan los ambientes húmedos. Tiene un follaje agradable y delicado.

Ver Culantrillo, págs. 32-33.

Ortiga de terciopelo

Gynura aurantiaca

Esta planta, de hermoso follaje, tiene unas hojas suaves y aterciopeladas. Empezará a colgar en cuanto madure. Le gustan la humedad y la luz, así que colócala cerca de la ventana del baño.

Ver Ortiga de terciopelo, pág. 79.

Helecho de Boston

Nephrolepis exaltata

El helecho de Boston adora las estancias muy húmedas, por lo que resulta idóneo para el cuarto de baño. Sus arqueadas frondas lucen especialmente en un macetero colgante.

Ver Helecho de Boston, págs. 96-97.

Flor de cera

Hoya carnosa

Esta planta trepadora de bellas flores cerosas despide una agradable fragancia vespertina, por lo que resulta idónea para darse un baño relajante. Además de humedad, necesita mucha luz, de modo que debe estar en un cuarto de baño luminoso.

Ver Flor de cera, págs. 88-89.

FLOR DE CERA

Hoya carnosa

Las bonitas flores de esta trepadora despiden una agradable fragancia al atardecer. Existen diferentes variedades.

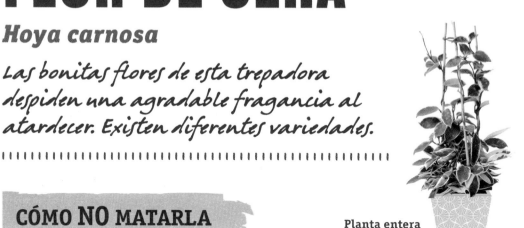

Planta entera

CÓMO **NO** MATARLA

✔ EMPLAZAMIENTO
Hazla trepar por un espaldar o tutor a una temperatura de entre 18 y 24 °C, siempre por encima de los 10 °C. Puede crecer bastante, por lo que necesita mucho espacio.

☀ LUZ
Colócala en un lugar luminoso, pero sin sol directo, pues podría quemarla.

💧 RIEGO + ABONO
De primavera a otoño, riégala cuando los 2-3 cm superiores de sustrato estén secos y déjalo húmedo pero no empapado. En invierno apenas hay que regarla. Abónala una vez al mes de primavera a finales de verano.

🪴 CUIDADOS
Necesita un sustrato bien drenado. Para aumentar la humedad, ponla en una bandeja con guijarros llena de agua. Vaporiza las hojas, a menudo si hace calor en la estancia. No la vaporices, traslades ni trasplantes cuando tenga brotes o flores. Cambia los 5 cm superiores de sustrato cada primavera. Trasplántala solo si la maceta se le queda pequeña. No cortes las flores marchitas ni los tallos floridos porque volverán a florecer.

¿LOS CAPULLOS SE CAEN?
Quizá el sustrato esté demasiado seco o húmedo, o quizá hayas trasladado o trasplantado la planta cuando brotaba.

💗 **SÁLVALA** *No cambies la planta de sitio cuando tenga capullos o flores. Revisa la pauta de riego (ver izquierda).*

¿NO FLORECE?
Quizá la planta no esté en un lugar lo bastante luminoso, pues sobrevive con poca luz pero no florece. Tal vez hayas podado los tallos que florecían.

💗 **SÁLVALA** *Trasládala a un lugar más luminoso. Cada tallo produce flores muchos años, así que no los cortes. Deja caer las flores marchitas por sí solas.*

¡BICHOS!
(ver págs. 24-27)

La atacan las **cochinillas de la harina**, la **mosca blanca**, los **insectos escama** y el **pulgón**.

¿FLORES QUE GOTEAN?

Las flores secretan néctar para atraer a los polinizadores, de modo que es normal.

❤ **SÁLVALA**
¡No hagas nada!

FLOR DE CERA MINI
Hoya bella

Una planta más compacta que precisa cuidados similares, pero prefiere temperaturas más altas (no inferiores a 16 °C).

¿HOJAS QUE SE CAEN O ENNEGRECIDAS?

Podría deberse a un exceso de riego o a un frío excesivo en invierno.

❤ **SÁLVALA** *Asegúrate de que el sustrato no esté inundado. Riégala menos a menudo. Cámbiala de sitio si hace demasiado frío.*

Hoja ennegrecida

Hoya carnosa 'variegata'
Altura: hasta 4 m
Diámetro: hasta 70 cm

ESCARLATA

Kalanchoe blossfeldiana

Esta suculenta se vende todo el año y presenta unas flores duraderas de color rojo, rosa, naranja, blanco o amarillo.

CÓMO **NO** MATARLA

 EMPLAZAMIENTO
Mantenla entre 18 y 24 °C, y por encima de 10 °C en invierno.

LUZ
Colócala en un lugar luminoso; puede darle el sol directo de vez en cuando, en una ventana orientada al este o el oeste en primavera o verano y al sur en invierno.

RIEGO + ABONO
Riégala cuando los 2-3 cm superiores de sustrato estén secos, menos a menudo en invierno. La maceta debe drenar bien para que el sustrato no se empape. Si conservas la planta después de florecer, abónala una vez al mes en primavera y verano.

CUIDADOS
Arranca las flores marchitas de un pellizco. Después de la floración, poda los tallos que hayan florecido. Mucha gente desecha la planta después de florecer, pero volverá a hacerlo si sigues una pauta de cuidados precisa (ver ¿No salen más flores?).

¿NO SALEN MÁS FLORES?

Las flores se marchitan al cabo de unas 8 semanas, pero puedes intentar que la planta vuelva a florecer.

❤ **SÁLVALA** *Saca la planta al exterior en verano y éntrala en otoño, cuando empiecen a bajar las temperaturas. Déjala en un lugar fresco pero luminoso, no la abones y riégala menos. A partir de entonces necesitará 14 horas de oscuridad cada noche al menos durante un mes para volver a florecer. Así pues, si está en una estancia con luz artificial, métela en un armario al anochecer. Al cabo de unas 8 semanas a partir de que se formen capullos, retoma el abonado y el riego.*

Manchas marrones

¿MANCHAS MARRONES?

Serán quemaduras solares.

❤ **SÁLVALA** *Cambia la planta de sitio para que reciba menos sol directo.*

¿BORDES ROJOS EN LAS HOJAS?

No hay de qué preocuparse pues las hojas se vuelven rojas si están al sol.

❤ **SÁLVALA** *La planta está contenta, pero vigila que las hojas no se quemen.*

¿PLANTA MARCHITA?

Quizá haya cogido frío o sufra de un exceso o una falta de riego.

❤ **SÁLVALA** *Trasládala a un lugar más cálido (no a un alféizar en el que refresque mucho de noche) y sin corrientes de aire frío. Revisa la pauta de riego.*

CUIDADOS SIMILARES

CALANDIVA
Kalanchoe
de la serie Calandiva®
Produce flores pequeñas, dobles, parecidas a rosas. Precisa de los mismos cuidados que la escarlata.

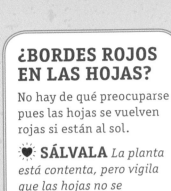

Kalanchoe blossfeldiana
Altura: hasta 30 cm
Diámetro: hasta 20 cm

¿TALLO MARRÓN O NEGRO Y MOHOSO?

Se debe a la podredumbre del tallo por un exceso de riego.

❤ **SÁLVALA** *Elimina las áreas afectadas. Para más información, consulta Enfermedades (págs. 28-29).*

Tallo negro y mohoso

NOMETOQUES

Mimosa pudica

Esta planta presenta una característica curiosa: cuando la tocas, las hojas se pliegan y los tallos se encorvan.

CÓMO **NO** MATARLA

EMPLAZAMIENTO
Mantenla a entre 18 y 24 °C, y por encima de 15 °C en invierno.

LUZ
Colócala en un lugar muy luminoso, con algo de sol directo.

RIEGO + ABONO
Mantén el sustrato húmedo pero no empapado, y apenas húmedo en invierno. Abónala una vez al mes en primavera y verano.

CUIDADOS
A esta planta le gusta la humedad, así que colócala en una bandeja con guijarros llena de agua. Suele venderse con un kit para plantar y es fácil de cultivar a partir de la semilla. En verano produce unas bonitas flores rosas.

¡BICHOS!
(ver págs. 24-27)

El follaje es propenso al ataque de la **araña roja**.

¿LA PLANTA TARDA EN REACCIONAR AL TOCARLA Y LUEGO EN RECUPERARSE?

La has tocado demasiado, y tiene menos «cosquillas». Después de tocarlas, las hojas pueden tardar hasta media hora en desplegarse.

♥ **SÁLVALA** Dale un respiro no tocándola tanto. Puede tardar varias semanas en recuperar la sensibilidad.

Hojas abiertas

Hojas cerradas

Planta entera

Mimosa
pudica
Altura:
hasta 60 cm
Diámetro:
hasta 30 cm

¿PLANTA GRANDE PERO RAQUÍTICA?

Es normal. La planta pierde atractivo con el tiempo y la mayoría de la gente la desecha en otoño, una vez terminada la floración.

❤️ **SÁLVALA** *Pódala al tamaño que te guste, o bien siembra o compra otro ejemplar en primavera.*

¿HOJAS CERRADAS AUNQUE NO LAS TOQUEN?

La planta puede reaccionar por efecto del aire o la brisa. Por la noche, las hojas se cierran de forma natural.

❤️ **SÁLVALA** *¡No hagas nada!*

¿HOJAS AMARILLAS QUE SE CAEN?

La planta pasa demasiado frío.

❤️ **SÁLVALA** *Trasládala a un lugar más cálido.*

COSTILLA DE ADÁN

Monstera deliciosa

La costilla de Adán fue muy popular en la década de 1970 y ha vuelto a ponerse de moda. Da un toque selvático y divertido a cualquier estancia.

CÓMO **NO** MATARLA

✓ EMPLAZAMIENTO
Sobrevive a entre 10 y 24 °C, pero solo crece con un mínimo de 18 °C. Puede crecer bastante: colócala en un lugar espacioso.

LUZ
Ponla en un lugar luminoso o en semisombra, por ejemplo, a un par de metros de una ventana sin que le dé el sol directo.

RIEGO + ABONO
Riégala cuando la parte superior del sustrato se haya secado un poco. Abónala una vez al mes en primavera y verano.

CUIDADOS
Limpia las hojas y vaporízalas de vez en cuando para que no acumulen polvo. En cuanto la planta alcance los 75 cm, necesitará apoyo, como un tutor de musgo o una caña de bambú. Remete las raíces que sobresalgan en el sustrato o en el tutor. Mientras la planta sea joven, trasplántala en primavera. Cuando sea demasiado grande como para trasplantarla con facilidad, sustituye los 5 cm superiores de sustrato por otro nuevo.

¿HOJAS AMARILLAS?

La causa más probable es un exceso de riego, sobre todo si las hojas también se marchitan. También puede pudrir las raíces. Si has regado la planta de forma correcta, quizá necesite abono.

☀ **SÁLVALA** *Reduce el riego si te has excedido. Abona la planta una vez al mes en primavera y verano. Mira las raíces por si se han podrido. Para más información, consulta Enfermedades (págs. 28-29).*

¿PUNTAS Y BORDES DE LAS HOJAS MARRONES?

Podría deberse al aire o al sustrato seco, a bajas temperaturas o a una falta de espacio en la maceta.

☀ **SÁLVALA** *Si la planta está en una estancia cálida (más de 24 °C) y seca, ponla en una bandeja con guijarros llena de agua y vaporiza las hojas a menudo. Si está cerca de un radiador, apártala. Comprueba que no pase frío. Trasplántala si fuera necesario.*

¿LA PLANTA «LLORA»?

Si el sustrato está demasiado mojado, a veces las hojas gotean.

❤️ **SÁLVALA** *Espacia más el riego y asegúrate de dejar que el sustrato se seque ligeramente cada vez.*

¡BICHOS!
(ver págs. 24-27)

Propensa a la **cochinilla de la harina** debajo de las hojas

¿HOJAS SIN CORTES?

Las plantas jóvenes y los tallos nuevos no producen hojas cortadas. Si hay hojas sin cortes en los tallos maduros, la planta está triste.

❤️ **SÁLVALA** *Si la planta es joven, ¡ten paciencia! Si no, asegúrate de tenerla en un sitio donde esté a gusto, con más de 18 °C, y de que la riegas, abonas y cuidas como es debido (ver izquierda).*

Monstera deliciosa
· Altura y diámetro: hasta 1,8 m

CUIDADOS SIMILARES

GÜEMBÉ
Philodendron bipinnatifidum

Planta espléndida que se cuida de la misma forma. Asegúrate de adjudicarle un espacio bien grande.

PULMÓN DE GATO
Monstera obliqua

Esta planta, con grandes agujeros ovales en las hojas, necesita los mismos cuidados que la costilla de Adán.

HELECHO DE BOSTON

Nephrolepis exaltata var. *bostoniensis*

Este elegante helecho luce más en un pedestal o un macetero colgante. Las frondas, anchas y arqueadas, colgarán más allá de la base del recipiente.

|||||||||||||||||||||||||||||||||

CÓMO **NO** MATARLO

EMPLAZAMIENTO
A esta planta le encanta la humedad, por lo que es una opción idónea para el cuarto de baño. Mantén la temperatura de la estancia a entre 10 y 21 °C.

LUZ
Necesita mucha luz, pero indirecta para que no se quemen las hojas.

RIEGO + ABONO
Mantén en todo momento el sustrato húmedo, pero no mojado. Abónalo una vez al mes desde la primavera hasta el otoño.

CUIDADOS
Coloca la planta en una bandeja con guijarros llena de agua y, en verano o si la calefacción está en marcha, vaporiza las hojas cada varios días. Retira las frondas secas. Trasplántala en primavera si las raíces han llenado la maceta.

> **¡BICHOS!**
> (ver págs. 24-27)
>
> El follaje es propenso a los **insectos escama**, las **cochinillas de la harina** y la **araña roja**.

¿FRONDAS PÁLIDAS?

Puede que la planta necesite abono, o quizá acuse demasiada luz.

❤ **SÁLVALA** *Abónala una vez al mes de primavera a otoño. Trasládala a un lugar más umbrío.*

¿PUNTAS MARRONES? ¿FRONDAS SECAS?

Algunas frondas viejas mueren de forma natural. Si el problema es generalizado, quizá el aire sea demasiado seco o la planta no tenga agua suficiente.

❤ **SÁLVALA** *Aumenta la humedad colocando la planta en una bandeja de guijarros llena de agua y vaporizando las hojas cada varios días. Comprueba que el sustrato esté húmedo pero no empapado.*

CUIDADOS SIMILARES

HELECHO NIDO
Asplenium nidus
Este helecho precisa de cuidados similares a los del helecho de Boston, si bien tolera recibir menos luz. Limpia las hojas para mantenerlas lustrosas.

Nephrolepis exaltata* var. *bostoniensis

Altura y diámetro: hasta 75 cm

¿LAS FRONDAS AMARILLEAN?

Quizá el ambiente sea demasiado seco o cálido.

❤ **SÁLVALA** *Vaporiza las hojas con regularidad y, si es preciso, reduce la temperatura de la estancia.*

BLECNO
Blechnum gibbum
Este gran helecho tolera un ambiente seco y prefiere el agua blanda.

CHUMBERA

Opuntia

Hay cactus para todos los gustos. Opuntia es uno de los géneros más comunes dentro de esta espinosa familia.

CÓMO **NO** MATARLA

EMPLAZAMIENTO
Tenla en un lugar cálido (13-29 °C). En invierno, trasládala a un sitio más fresco para favorecer la floración.

LUZ
Colócala a la luz del sol pero, en verano, protégela del sol directo del mediodía. En días calurosos, es preferible que circule el aire. Si la trasladas a un lugar con sol directo, mejor que la aclimates poco a poco.

RIEGO + ABONO
En primavera y verano, mantén el sustrato húmedo regando con agua templada. En otoño e invierno, el sustrato debe estar casi seco. Abónala una vez en primavera y otra en verano.

CUIDADOS
Cultívala en sustrato especial para cactus. Para manejarla, ponte guantes a prueba de espinas o envuélvela en papel de periódico.

¡BICHOS!
(ver págs. 24-27) | Propensa a la **cochinilla de la harina** y los **insectos escama**.

¿ARRUGAS?

Se deben a la falta de riego. En contra de lo que se cree, ¡los cactus sí que necesitan agua!

❤ **SÁLVALA** *Riega el sustrato un poco cada día durante varios días sin dejar que quede empapado.*

¿PLANTA MOHOSA?

Las zonas mohosas de la planta se han podrido por culpa de un exceso de riego, a menudo combinado con bajas temperaturas.

❤ **SÁLVALA** *Dependiendo de la extensión de la podredumbre, intenta trasplantar la chumbera con sustrato nuevo. Corta las raíces podridas.*

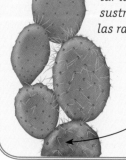

Zonas blandas, podridas

¿NO FLORECE?

Algunos cactus (como la mamilaria, la chumbera, el astrofito y la rebutia) solo florecen cuando alcanzan cierta edad.

💛 **SÁLVALA** Deja de regarla en otoño, y en invierno colócala en una estancia fresca y luminosa, manteniendo el sustrato seco. En primavera, llévala a un lugar más cálido antes de volver a regarla y abonarla con moderación. Si cultivas la planta en una maceta pequeña también favorecerás la floración.

¿DECOLORACIÓN MARRÓN/BLANCA?

Son quemaduras solares: la planta ha estado expuesta a un sol muy fuerte.

💛 **SÁLVALA** *En verano, protégela del fuerte sol del mediodía.*

¿EL CACTUS SE AGRIETA?

Se debe a un exceso de agua.

💛 **SÁLVALA** *Deja de regar la planta y la grieta debería cerrarse. Revisa la pauta de riego (ver izquierda). Comprueba también que el sustrato y la maceta drenen bien.*

Opuntia
Altura y diámetro: hasta 50 cm

CACTUS ESTRELLA
Astrophytum ornatum
Este pequeño cactus redondito produce unas flores amarillas.

REBUTIA
Rebutia
Este apreciado cactus produce unas bonitas flores tubulares cerca de la base.

OMBLIGO DE TIERRA

Peperomia metallica

El ombligo de tierra saluda desde el suelo de las selvas tropicales. Existen muchas variedades, que se cultivan por sus hojas, diferentes e interesantes.

CÓMO **NO** MATARLO

EMPLAZAMIENTO
Mantenlo a una temperatura de entre 18 y 25 °C de primavera a otoño y por encima de los 10 °C en invierno.

LUZ
Colócalo en un lugar luminoso o semisombreado; lo ideal es la luz tamizada de una ventana orientada al este o al norte. Crece bien con luz fluorescente, por lo que es una buena opción para un despacho.

RIEGO + ABONO
Riégalo con agua templada cuando el sustrato empiece a secarse. Riégalo desde abajo para que las hojas no se humedezcan (ver Riego, págs. 18-19). En invierno, riégalo de forma esporádica. Abónalo una vez al mes en primavera y verano.

CUIDADOS
Necesita un buen drenaje y agradece la humedad. Coloca la maceta en una bandeja con guijarros llena de agua.

Peperomia metallica
Altura y diámetro: hasta 20 cm

¡BICHOS!
(ver págs. 24-27)

Propenso a la **cochinilla de la harina** debajo de las hojas y alrededor de la planta.

Zonas verrugosas

¿VERRUGAS DEBAJO DE LAS HOJAS?

Se trata del edema, debido a un exceso de riego en invierno.

☀ **SÁLVALA** *En invierno, riega la planta muy de vez en cuando. Consulta Enfermedades (págs. 28-29).*

¿CAEN HOJAS?

Puede deberse a una falta de agua o a que la planta pasa demasiado frío.

❤ **SÁLVALA** *Riégala. Si está en una estancia a menos de 10 °C, trasládala a otra más cálida.*

¿PLANTA MARCHITA A PESAR DEL RIEGO?

Quizás la hayas regado en exceso y las raíces se hayan podrido.

☀ **SÁLVALA** *Comprueba si las raíces están podridas y retira las zonas afectadas. Consulta Enfermedades (págs. 28-29).*

CUIDADOS SIMILARES

YERBA LINDA
Peperomia rotundifolia
Una bonita peperomia colgante de hojas pequeñas y carnosas en forma de botón. Necesita los mismos cuidados.

PEPEROMIA
Peperomia obtusifolia
Esta planta erecta debe recibir los mismos cuidados que el ombligo de tierra. Las hojas suelen tener vetas de color dorado, gris o crema.

ORQUÍDEA ALEVILLA

Phalaenopsis

La familia de las orquídeas es numerosa. Las más fáciles de cultivar son estas, cuyas flores duran varias semanas.

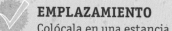

CÓMO NO MATARLA

EMPLAZAMIENTO
Colócala en una estancia con una temperatura de entre 18 y 26 °C.

LUZ
Pide mucha luz, pero indirecta. Lo ideal es cerca de una ventana orientada al este.

RIEGO + ABONO
Riégala sumergiéndola y escurriéndola (ver Riego, págs. 18-19) una vez por semana en primavera y verano, y más o menos cada 2 semanas en invierno. Lo ideal es hacerlo con agua destilada, filtrada o de lluvia. Abónala con fertilizante especial para orquídeas una vez al mes en primavera y verano, cada 2 meses en otoño e invierno.

CUIDADOS
Cultívala en sustrato especial para orquídeas, en un recipiente transparente para que la luz llegue a las raíces. No cortes ni cubras las raíces que aparezcan en la superficie porque se pudrirían. En cuanto las hojas se marchiten, recorta el tallo florecido por debajo del capullo; debería salir un nuevo brote que floreciera al cabo de unos meses.

¿CAÍDA DE CAPULLOS?

Podría deberse a una falta o un exceso de riego, a una baja humedad o a una fluctuación de temperatura.

SÁLVALA *Riégala con normalidad (ver izquierda) y ponla en una bandeja con guijarros llena de agua. Evita trasladar la planta cuando tenga brotes.*

¡BICHOS!
(ver págs. 24-27)

Follaje propenso a los **insectos escama** y la **cochinilla de la harina**.

Phalaenopsis
Altura: hasta 1 m
Diámetro: hasta 30 cm

¿NO FLORECE?

La planta puede tardar varios meses en volver a florecer. Pero la falta de flores también puede deberse a una falta de luz, una escasez o exceso de abono o a la fluctuación excesiva de la temperatura. Quizá necesite ser trasplantada.

💗 **SÁLVALA** *Llévala a un lugar más luminoso y asegúrate de abonarla siguiendo la pauta correcta (ver izquierda). Trasplántala si es necesario. Una temperatura nocturna inferior (13-18 °C) estimula la floración: tenla unas semanas en el alféizar de una ventana o en una estancia más fresca.*

¿CAMBIO DE COLOR DE LAS HOJAS?

Las hojas deberían ser de un verde hierba. Es normal que las más viejas amarilleen, pero en el caso de las jóvenes puede ser consecuencia de un exceso de luz o de una falta de abono. Si las hojas se oscurecen, puede deberse a una falta de luz.

💗 **SÁLVALA** *Ajusta el nivel de luz en consecuencia. Si es primavera o verano, piensa en abonar la planta una vez al mes.*

Hojas amarillas

Hojas arrugadas

¿HOJAS ARRUGADAS?

Probablemente signifique que no llega suficiente agua a las hojas, lo cual suele deberse a una falta de riego, aunque también es posible que las raíces estén dañadas. Si las hojas están lacias, quizá no haya humedad suficiente.

💗 **SÁLVALA** *Las raíces sanas son plateadas o verdes, mientras que si están marrones y mohosas es porque se han regado demasiado. Unas raíces huecas y crujientes son indicio de falta de riego. Si las raíces están dañadas, corta la parte que esté peor y trasplanta la orquídea cambiando el sustrato. Aumenta la humedad colocando la planta en una bandeja con guijarros llena de agua.*

PALMERA ENANA

Phoenix roebelenii

La palmera enana, una versión más delicada que su pariente la palmera canaria (Phoenix canariensis), posee unas frondas arqueadas y elegantes.

CÓMO **NO** MATARLA

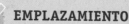

✓ EMPLAZAMIENTO

A la palmera enana le gustan las temperaturas que rondan los 18 °C, más calor que a muchas otras palmeras. Alcanza casi 1,80 m de altura, de modo que necesita bastante espacio.

LUZ

Colócala en un lugar luminoso pero sin luz directa del sol.

RIEGO + ABONO

En verano, riégala bien cuando los 2-3 cm superiores del sustrato estén secos. Mantenlo apenas húmedo en invierno. Abónala una vez al mes de primavera a finales de verano.

CUIDADOS

Coloca la planta en una bandeja con guijarros llena de agua para aumentar la humedad a su alrededor, sobre todo en verano o en una estancia con calefacción.

¡BICHOS!
(ver págs. 24-27)

Follaje propenso a los **insectos escama**, la **cochinilla de la harina** y la **araña roja**.

¿LAS HOJAS NO SON DE UN VERDE OSCURO?

Podría deberse a una falta de abono.

❤ **SÁLVALA** *Abona la planta una vez al mes de primavera a finales de verano.*

¿PUNTAS DE LAS HOJAS MARRONES?

Quizá el ambiente sea demasiado seco. La falta de riego y el aire frío podrían tener el mismo efecto.

❤ **SÁLVALA** *Si la planta está cerca de un radiador, cámbiala de sitio. Comprueba que la temperatura no baje de 10 °C y riégala si el sustrato está seco. Corta las puntas marrones con unas tijeras.*

¿MANCHAS MARRONES EN LAS HOJAS?

Puede deberse a un exceso de agua o a una exposición al frío.

❤ **SÁLVALA** *Retira las hojas afectadas y revisa el emplazamiento y los cuidados que debe recibir la planta (ver izquierda).*

Phoenix roebelenii

Altura y diámetro: hasta 1,8 m

Manchas marrones

¿LAS HOJAS SE PONEN MARRONES?

Si solo afecta a las inferiores, no te preocupes: las hojas viejas se vuelven marrones y mueren. Pero mira si la planta sufre de exceso de agua y se han podrido las raíces.

❤️ **SÁLVALA** *Corta las hojas marrones y feas por la base con unas podaderas o unas tijeras. Riégala solo cuando los 2-3 cm superiores del sustrato estén secos. Si el problema persiste, comprueba si las raíces están podridas y retira las que estén afectadas. Para más información, consulta Enfermedades (págs. 28-29).*

PALMA BAMBÚ
Rhapsis excelsa

Esta palmera tiene unas necesidades similares, si bien tolera menos luz.

PALMITO
Chamaerops humilis

Ofrece los mismos cuidados a esta palmera de crecimiento lento, que tolera temperaturas inferiores. Alcanza 1,2 m como máximo.

LAS 5 MEJORES PLANTAS PARA

POCA LUZ

Todas las plantas necesitan algo de luz para crecer, pero algunas, sobre todo las de hojas más grandes, toleran mejor los lugares con luz escasa. Aquí tienes cinco especies sombrías.

Helecho nido
Asplenium nidus

Este helecho, fácil de cuidar, presenta una roseta de hojas brillantes y exuberantes. Tolera bien la escasez de luz, pero hay que limpiar las hojas para que brillen y que la luz penetre en ellas.

Ver Helecho nido, pág. 97.

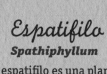

Espatifilo
Spathiphyllum

El espatifilo es una planta fácil de cultivar, con unas hojas verdes brillantes y asombrosas flores blancas. No le importa vivir con poca luz, y también tolera el riego irregular.

Ver Espatifilo, págs. 124-125.

Filodendro de hoja acorazonada
Philodendron scandens

Este filodendro presenta unas hojas brillantes en forma de corazón. Es trepador, así que conviene ponerle un tutor de musgo.

Ver Filodendro de hoja acorazonada, pág. 63.

Aralia del Japón
Fatsia japonica

Esta increíble planta de grandes hojas, lustrosas y exuberantes, crece bien con poca luz y en invierno soporta temperaturas de hasta 0 °C.

Ver Aralia, pág. 81.

Hoja de lata
Aspidistra eliator

Tal como sugiere su nombre, es una planta resistente. Limpia las hojas para que capten el máximo de luz. Tolera la escasez de riego, y en cambio detesta el sustrato muy húmedo.

Ver Hoja de lata, pág. 125.

PLANTA MISIONERA

Pilea peperomioides

También conocida como planta china del dinero, es muy apreciada por sus bonitas hojas parecidas a las del nenúfar.

CÓMO NO MATARLA

EMPLAZAMIENTO
Mantenla en una estancia que esté a entre 18 y 24 °C, y a más de 12 °C en invierno. Le gusta la humedad, por lo que es idónea para el cuarto de baño.

LUZ
Colócala en un lugar luminoso o parcialmente sombreado, pero evita la luz directa del sol, pues dañaría las hojas. Estas crecerán más rápido en semisombra que con mucha luz.

RIEGO + ABONO
Riégala para que el sustrato esté húmedo, pero déjalo secar un poco entre riego y riego. Abona la planta cada dos semanas en primavera y verano.

CUIDADOS
Asegúrate de que el sustrato drene bien y no permitas que quede mojado. Limpia las hojas de vez en cuando con un paño limpio húmedo para que no acumulen polvo y estén brillantes. La planta agradecerá que le vaporices las hojas.

Pilea peperomioides
Altura y diámetro: hasta 30 cm

¿LAS HOJAS MIRAN EN UNA DIRECCIÓN?

Las hojas crecen hacia la luz.

❤ **SÁLVALA** *Rota la planta con regularidad para que se mantenga redondeada.*

¿LAS HOJAS AMARILLEAN O SE CAEN?

Si las hojas de la base de la planta se vuelven amarillas, no te preocupes, es que son viejas. Si todas las hojas están amarillas, podría deberse a un exceso o una falta de riego.

❤ **SÁLVALA**
Revisa la pauta de riego y cuidados (ver izquierda).

¿MANCHAS BLANCAS, POLVORIENTAS, EN LAS HOJAS?

Se trata del polvo del mildiu. No matará a la planta pero sí que empeorará su aspecto.

❤ **SÁLVALA** *Retira enseguida las hojas afectadas. Intenta mejorar la circulación de aire alrededor de la planta. Consulta Enfermedades (págs. 28-29).*

Manchas blanquecinas ←

CUIDADOS SIMILARES

PLANTA DE LA AMISTAD
Pilea involucrata
'Moon Valley'

Esta llamativa planta perenne tiene necesidades similares a las de la planta misionera, pero prefiere más humedad. Intenta colocarla en un terrario.

MADREPERLA
Pilea cadierei

Esta planta necesita los mismos cuidados que la planta misionera, dado que también le encanta la humedad. Vaporiza las hojas a menudo y colócala en una bandeja con guijarros llena de agua.

CUERNO DE ALCE

Platycerium bifurcatum

En estado silvestre, este helecho crece como planta de aire, y en el hogar puede cultivarse con o sin sustrato. Suele venderse en un soporte.

CÓMO NO MATARLO

EMPLAZAMIENTO
Mantenlo en un entorno húmedo; el cuarto de baño resulta idóneo. Asegúrate de que la temperatura se mantenga entre 10 y 24 °C.

LUZ
Ponlo en un lugar con mucha luz indirecta. El sol directo quemaría las hojas.

RIEGO + ABONO
El cuerno de alce absorbe agua a través de las raíces y las frondas. Mantén el sustrato algo húmedo. Para regar una planta con soporte, sumérgela cabeza abajo en agua templada y déjala 20 minutos, o ponla bajo el chorro de agua templada. Déjala secar antes de colgarla. Riégala cada semana si está en una estancia cálida y seca, y cada 2-3 semanas si el lugar es fresco y húmedo. Abónala una vez al mes en primavera y en verano.

CUIDADOS
Vaporiza la planta de forma regular con agua templada, sobre todo si está en una estancia cálida y seca.

¡BICHOS!
(ver págs. 24-27)

Propensa a los **insectos escama** debajo de las hojas.

Platycerium bifurcatum

Altura y diámetro: hasta 1 m

¿PUNTAS MARRONES O MARCHITAS?

La planta no recibe suficiente agua.

❤ SÁLVALA *Riégala más a menudo y aumenta la humedad vaporizando las hojas con mayor frecuencia.*

¿PLANTA REGADA Y AÚN SE MARCHITA?

Puede haber raíces podridas.

❤ SÁLVALA
Mira las raíces y retira las negras y mohosas. Consulta Enfermedades (págs. 28-29).

(págs. 28-29)

¿CUERNOS MARRONÁCEOS O NEGROS EN LA BASE?

Acusa un exceso de riego.

❤ SÁLVALA *No riegues la planta durante unas cuantas semanas y luego retoma la pauta de riego habitual.*

CUIDADOS SIMILARES

CUERNO DE ALCE GRANDE
Platycerium grande
Esta otra planta de interior, con unas hojas que parecen la cornamenta de un alce, es más grande pero necesita los mismos cuidados.

Las frondas cuerno brotan del centro

Las frondas escudo rodean la base

¿FRONDAS ESCUDO MARRONES?

El cuerno de alce tiene unas pequeñas frondas «escudo» en la base que ayudan a acumular agua y proteger las raíces. Con el tiempo, es normal que se vuelvan marrones.

❤ SÁLVALA *No hagas nada, es normal que las frondas inferiores se vuelvan marrones. No las arranques.*

VIOLETA AFRICANA

Saintpaulia

Estas conocidas plantas de hojas velludas tienen flores de colores variados. Por su pequeño tamaño, son idóneas para espacios reducidos.

CÓMO **NO** MATARLA

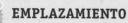

EMPLAZAMIENTO
Necesita calor (16-23 °C) y humedad. El cuarto de baño o el alféizar de la ventana de la cocina resultan idóneos, siempre y cuando no haga demasiado frío.

LUZ
Colócala en un lugar luminoso, pero protégela del sol directo para que no se le quemen las hojas.

RIEGO + ABONO
Riégala cuando los 2-3 cm superiores del sustrato estén secos, desde abajo y durante unos 30 minutos para no mojar las hojas (ver Riego, págs. 18-19). Abónala una vez al mes desde primavera hasta finales de verano.

CUIDADOS
Coloca la planta en una bandeja con guijarros llena de agua para aportarle humedad. Corta las hojas secas. La violeta africana crece mejor en macetas pequeñas, así que no la trasplantes muy a menudo.

¿HOJAS AMARILLAS?
Podría deberse a la sequedad del aire, a un exceso de sol o a una falta de riego o de abono.

☀ **SÁLVALA** *Retira la planta de la luz directa del sol. Aumenta la humedad y revisa la pauta de riego y abono (ver izquierda).*

¿NO FLORECE?
En invierno, la violeta africana deja de florecer debido a la reducción de luz. De primavera a verano, la falta de flores podría deberse a unos cuidados deficientes.

☀ **SÁLVALA** *En invierno, traslada la planta a una ventana luminosa orientada al sur o al oeste. Entre primavera y otoño, abónala como corresponde y déjala en un lugar lo bastante cálido.*

¡BICHOS!
(ver págs. 24-27)

Propensa a la **cochinilla de la harina** debajo de las hojas.

¿MANCHAS MARRONES EN LAS HOJAS?

Tal vez se hayan salpicado o se haya regado la planta con agua fría.

☀ **SÁLVALA** *Riégala desde abajo para no salpicar las hojas. Deja la maceta en un plato con agua a temperatura ambiente unos 30 minutos.*

Manchas
marrones

Saintpaulia
'Bright eyes'
Altura
y diámetro:
hasta 15 cm

¿PLANTA MARCHITA?

Es consecuencia de un exceso o una falta de riego.

☀ **SÁLVALA** *Riega la planta desde abajo cuando los 2-3 cm superiores de sustrato estén secos. Comprueba si hay podredumbre de raíces o de la corona (ver Enfermedades, págs. 28-29).*

¿PELUSILLA GRIS EN LAS HOJAS?

Probablemente se trate del moho gris, o botritis.

☀ **SÁLVALA** *Retira las zonas afectadas y trata la planta con fungicida. Para más información, consulta Enfermedades (págs. 28-29).*

Pelusilla gris

LENGUA DE TIGRE

Sansevieria trifasciata

Esta asombrosa planta, con unas hojas rígidas que parecen espadas, es prácticamente indestructible; solo muere debido a un exceso de riego o de frío.

CÓMO NO MATARLA

✓ EMPLAZAMIENTO
La lengua de tigre se adapta prácticamente a cualquier lugar. Crece de maravilla entre los 10 y los 26 °C y no le afectan las corrientes ni el aire seco.

LUZ
Lo idóneo es que tenga luz indirecta, aunque también tolera algo de sol directo. También le va bien que haya poca luz, pero entonces las hojas suelen adoptar un color verde uniforme.

RIEGO + ABONO
Riégala con moderación en primavera y verano, y de forma esporádica en otoño e invierno. Abónala una vez al mes en primavera y verano.

CUIDADOS
Cultívala en una maceta pesada para evitar que vuelque. Cuídate de no dañar las puntas de las hojas o de lo contrario la planta no crecerá. Limpia las hojas de vez en cuando para que brillen. Trasplántala solo si la maceta se le queda pequeña.

¿HOJAS QUE CAEN A LOS LADOS?

Quizá hayas regado la planta poco o mucho, o tal vez no reciba luz suficiente. Tal vez esté en una maceta demasiado pequeña. A veces las hojas altas y viejas se desploman.

♥ **SÁLVALA** *Revisa la pauta de cuidados y el nivel de luz (ver izquierda). Trasplántala si es necesario.*

¿HOJAS QUE AMARILLEAN?

Suele deberse a un exceso de riego, sobre todo en invierno. Comprueba que no haya podredumbre en la base y las raíces.

☀ **SÁLVALA** *Deja secar el sustrato. Si hace frío, considera trasladar la planta a un sitio más cálido. Mira si tiene las raíces podridas y retira las negras y mohosas (ver Enfermedades, págs. 28-29).*

Hoja amarilla

¿HOJAS ARRUGADAS?

Probablemente le falte agua.

💗 **SÁLVALA** *Si riegas la planta ligeramente durante unos días, las hojas deberían recuperar su firmeza.*

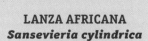

Hoja arrugada

¡BICHOS!
(ver págs. 24-27)

Propensa a la **cochinilla de la harina** en las hojas.

Sansevieria trifasciata

Altura: hasta 1,2 m
Diámetro: hasta 50 cm

CUIDADOS SIMILARES

LANZA AFRICANA
Sansevieria cylindrica

La lanza africana necesita los mismos cuidados que la lengua de tigre. Sus hojas, cilíndricas, suelen trenzarse.

PLANTA DE LA LECHE
Euphorbia trigona

Esta asombrosa suculenta tiene unas espinas afiladas. Necesita los mismos cuidados.

GERANIO DE FRESAS

Saxifraga stolonifera

Esta bonita planta colgante presenta unas hojas venosas con la parte inferior rojiza.

||||||||||||||||||||||||||||||||||||||

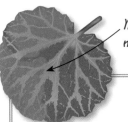

Manchas marrones

CÓMO **NO** MATARLA

EMPLAZAMIENTO
Colócala en una estancia de fresca a moderada (10-21 °C), que no baje de 7 °C en invierno. Luce mucho en un macetero colgante o en una estantería: los estolones (tallos rastreros) alcanzan los 75 cm.

LUZ
Colócala en un lugar luminoso pero con luz indirecta. Evita el sol directo.

RIEGO + ABONO
Riégala a discreción de primavera a otoño siempre que los 2-3 cm superiores del sustrato estén secos. Riégala desde abajo para no salpicar las hojas ni la base de los tallos, lo cual podría provocar hongos. Reduce el riego en invierno. Abónala una vez al mes en primavera y verano.

CUIDADOS
La planta agradecerá cierta humedad si la casa es cálida, así que colócala en una bandeja con guijarros llena de agua. Crecerá rápido y no le gusta estar estrecha, así que es probable que necesites trasplantarla cada año.

¿MANCHAS MARRONES?

El sol ha quemado las hojas.

☀️❤️ **SÁLVALA** *Aparta la planta de la luz directa del sol.*

¿PLANTA MARCHITA?

Puede deberse a un exceso de agua, sobre todo en invierno.

☀️❤️ **SÁLVALA** *Si el sustrato está empapado, déjalo secar. Comprueba que no se hayan podrido las raíces: si es el caso, estarán oscuras y mohosas. Prueba a cortar esas zonas y trasplantarla con sustrato nuevo. Para más información, consulta Enfermedades (págs. 28-29).*

¡BICHOS!
(ver págs. 24-27) | Propensa a la **araña roja** en el follaje y al **pulgón** alrededor de la planta.

PLANTA DEL DINERO
Plectranthus

Esta planta necesita cuidados similares a los del geranio de fresas, pero tolera mejor un ambiente seco. Es idónea para un macetero colgante.

Saxifraga stolonifera

Altura y diámetro: hasta 20 cm

¿ESTOLONES QUE SE VUELVEN MARRONES?

Se debe a una falta de agua o de humedad.

💗 **SÁLVALA** *Revisa la pauta de riego y pon la planta en una bandeja con guijarros llena de agua. Vaporiza las hojas a menudo.*

ARALIA

Schefflera arboricola

Esta planta frondosa de aspecto exótico es fácil de cultivar. Puede quedarse a la altura deseada cortándola por la parte superior.

CÓMO **NO** MATARLA

✔ EMPLAZAMIENTO
Tenla en una estancia relativamente cálida (13-24 °C), sin que la temperatura baje de los 13 °C en invierno.

LUZ
Necesita luz, pero indirecta.

RIEGO + ABONO
De primavera a otoño, riégala cuando los 2-3 cm superiores del sustrato se hayan secado. Tolera la escasez de riego pero no el exceso de agua, que podría pudrirle las raíces (ver Enfermedades, págs. 28-29). Reduce el riego en invierno. Abónala una vez al mes en primavera y verano.

CUIDADOS
Vaporiza las hojas cuando haga calor o si la planta está en una estancia cálida. Límpialas de vez en cuando con un paño limpio húmedo para que no se llenen de polvo.

¿HOJAS PEGAJOSAS?

La aralia es muy propensa a tener insectos escama, cuyo primer síntoma son las hojas pegajosas, que acaban negras y tiznadas. También aparecen unas protuberancias marrones debajo de las hojas.

❤ **SÁLVALA** *Frota las hojas para quitar los insectos y límpialas retirando el moho oscuro. Trátalas con insecticida. Consulta Plagas (págs. 24-27).*

¿LAS HOJAS SE CAEN?

Podría deberse a fluctuaciones de temperatura o a que la planta esté en un lugar demasiado oscuro. Tal vez esté acusando una falta o un exceso de agua.

❤ **SÁLVALA** *Asegúrate de tenerla en un lugar lo bastante cálido (13-24 °C) y de que recibe mucha luz indirecta. Mantenla lejos de corrientes frías. Revisa la pauta de riego (ver izquierda).*

¿LA PLANTA SE INCLINA?

Se inclina hacia la luz.

❤ SÁLVALA

Gira la planta a menudo o átala a una caña de bambú o un tutor de musgo.

¡BICHOS!
(ver págs. 24-27)

Propensa a los **insectos escama** y la **araña roja** en el follaje.

¿HOJAS CAÍDAS?

Se debe a un exceso o una falta de riego.

❤ SÁLVALA

Observa el sustrato. Si está empapado, déjalo secar y comprueba que no se haya iniciado la podredumbre de raíces (ver Enfermedades, págs. 28-29). Riégala solo cuando los 2-3 cm superiores del sustrato se hayan secado.

Schefflera arboricola

Altura: hasta 1,4 m

Diámetro: hasta 1 m

CUIDADOS SIMILARES

CROTÓN
Codiaeum variegatum

El crotón necesita cuidados similares a los de la aralia, si bien prefiere un ambiente algo más cálido (por lo menos 15 °C en invierno), le gusta la humedad y debería protegerse de la fluctuación de temperaturas.

PLANTA CEBRA
Aphelandra squarrosa

La planta cebra, que suele venderse con flores, necesita cuidados similares pero debe mantenerse por encima de 15 °C. Un exceso de agua provoca la caída de las hojas inferiores.

CACTUS DE NAVIDAD

Schlumbergera buckleyi

El cactus de Navidad es un cactus selvático de hoja perenne en lugar de uno típico de desierto. Florece en invierno.

CÓMO NO MATARLO

 EMPLAZAMIENTO
Tenlo en una estancia que esté entre 18 y 24 °C. Para que florezca, déjalo reposar con más frío (ver ¿No florece?).

LUZ
Le gusta la luz, pero indirecta.

RIEGO + ABONO
Riégalo cuando los 2-3 cm superiores de sustrato estén secos y deja escurrir el exceso de agua; no lo dejes empapado. En invierno, riégalo menos. Abónalo una vez al mes en primavera y verano.

CUIDADOS
Ponlo en una bandeja con guijarros llena de agua y vaporiza las hojas dos veces por semana cuando no esté en flor. Trasplántalo a una maceta algo más grande cada 1-2 años, cuando el cepellón haya llenado la maceta (le gusta estar prieto). Añade un poco de gravilla al sustrato.

¡BICHOS!
(ver págs. 24-27)
Propenso a la **cochinilla de la harina** en los tallos.

¿NO FLORECE?

La planta necesita un periodo de descanso para volver a florecer.

SÁLVALA Tras la floración, lleva la planta a una estancia fría, no climatizada (a unos 12 °C), y déjala 8 semanas; riégala menos. En verano, sácala al exterior, a un lugar sombreado, y riégala y abónala como de costumbre. En otoño, vuelve a dejar descansar la planta otras 8 semanas en una estancia fresca y sin climatizar donde no se enciendan luces por la noche. Después, devuélvela a su sitio y cuídala como de costumbre.

¿HOJAS ROJIZAS?

A la planta le da demasiado el sol.

☀ **SÁLVALA** *Apártala del sol directo.*

Hojas rojizas

CACTUS DE PASCUA
Schlumbergera gaetneri

Esta especie florece en primavera. Al igual que al cactus de Navidad, le gusta estar en el exterior en verano, y después reposar en otoño para florecer mejor.

Schlumbergera híbrida
Altura y diámetro: hasta 35 cm

¿LOS CAPULLOS SE CAEN?

Tal vez hayas cambiado la planta de sitio cuando brotaba, no la riegues bien o haya fluctuado la temperatura.

☀ **SÁLVALA** *Cuando empiecen a salir los brotes, pasa la planta de su lugar de reposo a su sitio habitual y no vuelvas a moverla. Revisa la pauta de riego (ver izquierda).*

CACTUS MISTLETOE
Rhipsalis baccifera

Esta planta suculenta, que precisa de los mismos cuidados, es idónea para un macetero colgante. Los ejemplares maduros dan frutos.

LÁGRIMAS DE ÁNGEL

Soleirolia soleirolii

Las lágrimas de ángel son una mata compacta de hojas diminutas que se derraman alrededor de la maceta. Las hay doradas y de distintas gamas de verde.

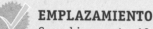

CÓMO **NO** MATARLA

EMPLAZAMIENTO
Crece bien a entre 10 y 21 °C, pero prefiere las temperaturas más bajas dentro de ese rango.

LUZ
Quiere mucha luz indirecta.

RIEGO + ABONO
Mantén el sustrato húmedo pero no empapado de primavera a otoño y apenas húmedo en invierno. Abónala una vez en primavera y otra en verano.

CUIDADOS
Pon la planta en una bandeja con guijarros llena de agua para proporcionarle humedad, sobre todo si está en una estancia cálida. Dale forma con unas tijeras. Las lágrimas de ángel se recomiendan a veces para los terrarios, pero debes saber que puede resultar invasiva.

¿FOLLAJE MARRÓN?

Quizá le falte agua a la planta, el aire sea demasiado seco o cálido, o el sol la haya quemado.

❤ **SÁLVALA** *Mantén la tierra húmeda de primavera a otoño y apenas húmeda en invierno. Coloca la planta en una bandeja con guijarros llena de agua. Evita que le dé el sol directo.*

¿PLANTA MARCHITA?

Puede deberse a un exceso o a una falta de riego.

☀❤ **SÁLVALA** *Asegúrate de que el sustrato esté húmedo de primavera a otoño y apenas húmedo en invierno, nunca empapado. Examina las raíces para ver si están podridas y retira las partes afectadas (ver Enfermedades, págs. 28-29).*

Soleirolia soleirolii

Altura: hasta 10 cm

Diámetro: indefinido

¿PLANTA RAQUÍTICA?

La planta se vuelve raquítica si la temperatura es demasiado alta.

☀❤ **SÁLVALA** *Trasládala a un lugar más fresco. Lo ideal es entre 10 y 16 °C.*

CUIDADOS SIMILARES

MILLONARIA
Tolmiea menziesii

Cuida esta planta igual que las lágrimas de ángel. Las hojas adultas producen unas pequeñas plantitas en el centro.

CORALITO
Nertera granadensis

Tiene necesidades similares, pero le gusta mucho la luz y no le importa estar en un lugar fresco. No dejes que se seque.

ESPATIFILO

Spathiphyllum

Esta planta, de hojas verdes y lustrosas y que echa flores blancas de vez en cuando, es poco exigente e idónea para principiantes.

CÓMO **NO** MATARLA

 EMPLAZAMIENTO
Colócala en una estancia cálida, entre 13 y 26 °C, al abrigo de corrientes de aire.

LUZ
Le gusta tener mucha luz indirecta.

 RIEGO + ABONO
Riégala cuando los 2-3 cm superiores del sustrato estén secos. Abónala una vez al mes de primavera a finales de verano. Quizá tengas que regarla con agua destilada, filtrada o de lluvia si el agua del grifo es muy dura.

CUIDADOS
Pon la planta en una bandeja con guijarros llena de agua. También puedes vaporizar las hojas una o dos veces por semana, sobre todo si hace calor. Arranca las flores marchitas y las hojas amarillentas. Trasplántala cada año en primavera.

¡BICHOS!
(ver págs. 24-27) | Propensa al ataque de la **cochinilla de la harina** en la cara interior de las hojas.

¿TODA LA PLANTA CAÍDA?

Necesita agua.

SÁLVALA *Sumerge la planta en un cubo de agua y déjala una media hora; a continuación, deja que se escurra. Así debería recuperarse rápido (ver Riego, págs. 18-19).*

¿HOJAS AMARILLAS?

Es normal que las hojas viejas se vuelvan amarillas. Si son jóvenes, es señal de estrés.

SÁLVALA *Comprueba que el emplazamiento sea adecuado y que la riegas y la abonas como corresponde. Trasplántala si el cepellón ha llenado la maceta. Prueba a regarla con agua destilada, filtrada o de lluvia.*

¿MANCHAS MARRONES EN LAS HOJAS?

Se han quemado.

💜 **SÁLVALA**

Aparta la planta de la luz directa del sol y colócala más en sombra.

Manchas marrones

CUIDADOS SIMILARES

AGLAONEMA
Aglaonema

Esta planta tiene unas necesidades parecidas, pero tolera mejor los cambios de luz y temperatura. Idónea para un vestíbulo.

¿PUNTAS DE LAS HOJAS MARRONES?

Puede deberse a una falta de humedad o a un riego y abonado poco constantes. Otra causa podría ser la dureza del agua.

💜 **SÁLVALA** *Aumenta la humedad alrededor de la planta y asegúrate de regarla y abonarla como corresponde (ver izquierda). Prueba a regarla con agua destilada, filtrada o de lluvia.*

Spathiphyllum

Altura y diámetro: hasta 60 cm

ASPIDISTRA
Aspidistra eliator

Limpia las hojas de vez en cuando y trasplántala solo si es imprescindible. Odia la tierra mojada.

LAS 5 MEJORES PLANTAS PARA
LA SALA DE ESTAR

No relegues las plantas de interior a un rincón polvoriento del salón. Colócalas en primer plano, en recipientes que den un toque especial al ambiente. Aquí tienes cinco opciones fantásticas.

Lengua de tigre
Sansevieria trifasciata

Esta planta poco exigente tiene un aspecto fuerte y arquitectónico que la hace destacar en cualquier sitio. Además, es perfecta para purificar el ambiente.

Ver Lengua de tigre, págs. 114-115.

Ficus lira
Ficus lyrata

Esta codiciada planta es una de las preferidas de los interioristas por sus exuberantes hojas en forma de pala. No la cambies de sitio si crece bien, porque tiene tendencia a perder las hojas si se la traslada.

Ver Ficus lira, págs. 76-77.

Zamioculca
Zamioculcas zamiifolia

Esta original planta de follaje exuberante llama la atención allá donde esté. No ocupa demasiado sitio y es fácil de cuidar.

Ver Zamioculca, págs. 138-139.

Kentia
Howea fosteriana

Esta palmera de fácil cuidado dará un toque de elegancia al salón. Con buena luz (sin sol directo) crecerá verde y frondosa. Limpia y vaporiza las hojas de vez en cuando.

Ver Kentia, págs. 84-85.

Costilla de Adán
Monstera deliciosa

Esta estrella de los años setenta vuelve a estar de moda y es una planta rotunda. Adjudícale un lugar luminoso o semisombreado y mucho espacio, porque crece bastante.

Ver Costilla de Adán, págs. 88-89.

AVE DEL PARAÍSO

Strelitzia reginae

Es fácil entender a qué debe su nombre esta planta: a las flores azules y naranjas, que parecen la cresta de un pájaro exótico.

CÓMO **NO** MATARLA

✓ EMPLAZAMIENTO
Proporciónale calor (20 °C como mínimo) y humedad. Un baño luminoso o una habitación acristalada serán ideales. También le gusta que circule el aire, así que en verano puedes dejarla en el exterior. En invierno necesita un mínimo de 10 °C.

☼ LUZ
Tenla en un lugar lo más luminoso posible, pero en verano no la dejes a pleno sol.

RIEGO + ABONO
Riégala cuando la superficie del sustrato esté seca al tacto, sin empaparlo. En invierno, riégala muy de vez en cuando. Abónala una vez al mes en primavera y verano.

CUIDADOS
Pon la planta en una bandeja con guijarros llena de agua y vaporiza las hojas de vez en cuando para aumentar la humedad. No la trasplantes hasta que las raíces sobresalgan del sustrato o por los agujeros de drenaje. Limpia las hojas con un paño limpio húmedo para que no se llenen de polvo.

¿NO FLORECE?

La planta no florecerá hasta que esté madura (4 años por lo menos), y debe recibir luz y abono. Crece mejor si está un poco prieta en el tiesto.

☀ **SÁLVALA** *Comprueba que tenga luz suficiente y el abono adecuado. Le gusta estar estrecha en su recipiente, así que no la pongas en una maceta demasiado grande.*

¿HOJAS O PUNTAS Y BORDES MARRONES?

Quizá la estancia no sea lo bastante húmeda o la planta no reciba el agua y el abono que necesita (ver izquierda).

☀ **SÁLVALA** *Comprueba que la planta tenga la humedad necesaria y que la hayas regado y abonado de la forma correcta (ver izquierda).*

¡BICHOS!
(ver págs. 24-27)

Propensa a los **insectos escama**, la **cochinilla de la harina** y la **araña roja** en el follaje.

Strelitzia reginae
Altura: hasta 1,8 m
Diámetro: hasta 75 cm

¿HOJAS AMARILLAS?

Es normal en las hojas inferiores, que acabarán cayendo. Si amarillean hojas en otras partes, significa que a la planta le falta o le sobra agua, o que le desagrada algún aspecto de su emplazamiento.

💗 **SÁLVALA** *Arranca con suavidad las hojas amarillentas. Revisa la pauta de riego y asegúrate de que recibe suficiente luz y calor (20 °C como mínimo).*

¿LA BASE SE PUDRE?

Hay podredumbre en la raíz o en los tallos, porque el sustrato está demasiado mojado.

💗 **SÁLVALA** *Prueba a trasplantarla cambiando el sustrato, comprueba que la maceta drene bien. No la riegues en exceso. Consulta Enfermedades (págs. 28-29).*

ESTREPTOCARPO
Streptocarpus

El estreptocarpo es una encantadora planta de interior de hojas verdes y frescas y bonitas flores en una gran variedad de colores.

¡BICHOS!
(ver págs. 24-27)

Mira si hay **cochinillas de la harina** debajo de las hojas.

CÓMO **NO** MATARLA

EMPLAZAMIENTO
Colócala en una estancia luminosa con temperaturas moderadas, entre 13 y 21 °C.

LUZ
Ofrécele luz indirecta. Lo idóneo es una ventana orientada al este o el oeste. Sobre todo en verano, no debe darle el sol directo.

RIEGO + ABONO
Riégala cuando los 4-5 cm superiores de sustrato se noten secos; humedécelo sin empaparlo y deja escurrir el exceso de agua. En invierno, reduce el riego. Abónala cada dos semanas en primavera y verano. Un fertilizante con alto contenido en potasa (o específico para estreptocarpo) la hará florecer mejor.

CUIDADOS
Trasplántala cada primavera a una maceta algo más grande y poco profunda. Corta las flores secas para que siga echando capullos. En otoño e invierno, las puntas de las hojas se secan, lo cual es normal, corta los extremos y ya está.

¿MARCAS MARRONES EN LAS HOJAS?

Se han quemado o han recibido salpicaduras de agua.

♥ **SÁLVALA** *Aparta la planta del sol directo. Procura no mojar las hojas cuando la riegues.*

Marcas de quemadura

¿LAS HOJAS SE PUDREN EN LA BASE?

Puede deberse a un exceso de agua, un sustrato empapado o un mal drenaje.

♥ **SÁLVALA** *Retira las hojas afectadas y deja secar el sustrato. Comprueba que la maceta drene bien. Deja secar el sustrato entre riego y riego.*

¿MOHO GRIS EN LAS HOJAS?

Se trata de una enfermedad llamada botritis.

❤️☀️ **SÁLVALA** *Retira las zonas afectadas y aplica fungicida. Consulta Enfermedades, (págs. 28-29).*

¿PLANTA MARCHITA?

Se debe a un exceso o una falta de riego.

❤️☀️ **SÁLVALA** *Si crees que has regado demasiado, deja secar el sustrato. Recuerda dejarlo secar siempre antes de volver a regar la planta. Si crees que le falta agua, riégala.*

CUIDADOS SIMILARES

GLOXINIA
Sinningia speciosa

La gloxinia tiene unas necesidades parecidas. Tenla en una estancia luminosa donde no haya corrientes. Para que florezca de nuevo, espera a que se seque antes de quitar los tallos y hojas amarillos, y reduce el riego. En primavera, trasplántala y vuelve a regarla. Sin embargo, la mayoría de la gente la deshecha tras la floración.

Streptocarpus
Altura: hasta 30 cm
Diámetro: hasta 45 cm

¿HOJAS GRANDES Y POCAS FLORES?

La planta no ha recibido el abono correcto o no tiene luz suficiente.

☀️❤️ **SÁLVALA** *Asegúrate de abonar correctamente la planta cada 2 semanas en primavera y verano. Si está en un lugar sombrío, trasládala a un otro más luminoso, con luz indirecta.*

PLANTAS DEL AIRE

Tillandsia

En estado silvestre, estas intrigantes plantas crecen adheridas a otras. En casa se cultivan sin sustrato, dentro de un globo de cristal o en un decorativo trozo de madera.

CÓMO NO MATARLAS

EMPLAZAMIENTO
A estas plantas les gusta la humedad, por lo que la cocina o el baño resultan idóneos. No dejes que pasen frío (menos de 10 °C) y evítales las corrientes de aire, sobre todo si están húmedas después del riego.

LUZ
Ponlas en un lugar luminoso pero con luz indirecta. Evita los alféizares soleados porque el sol estival podría quemarlas y en invierno quizá haga demasiado frío.

RIEGO + ABONO
Riégalas sumergiéndolas y escurriéndolas (ver Riego, págs. 18-19). Empápalas entre 30 minutos y 2 horas si les falta agua. Riégalas una vez por semana en verano o si tienes calefacción en casa, con agua destilada, filtrada o de lluvia. Si lo prefieres, vaporízalas bien varias veces por semana. Añade un cuarto de dosis de fertilizante al agua una vez al mes. Abónalas todo el año.

CUIDADOS
Después de regar la planta, sacúdela un poco y déjala secar cabeza abajo unas 4 horas antes de devolverla a su posición habitual.

¿NO FLORECE?
Las plantas del aire pueden tardar años en alcanzar la madurez y florecer.

☀ **SÁLVALA** *¡No hagas nada! Algunas de estas plantas se vuelven rojas antes de florecer. Tras la floración, la planta echará hijuelos (nuevas plantas en la base) y morirá.*

¿ZONAS BLANDAS MARRONES O LA PLANTA SE DERRUMBA?
La acumulación de agua entre las hojas ha provocado podredumbre.

☀ **SÁLVALA** *Demasiado tarde para salvar la planta. La próxima vez, sacúdela después de regarla y déjala escurrir cabeza abajo.*

¿HOJAS RIZADAS O PUNTAS SECAS?
No tienen suficiente agua.

☀ **SÁLVALA** *Riega y vaporiza la planta más a menudo.*

Puntas de las hojas secas

Tillandsia melanocrater tricolor
Altura y diámetro: hasta 30 cm

Tillandsia tectorum
Altura y diámetro: hasta 30 cm

Tillandsia juncea
Altura y diámetro: hasta 30 cm

Tillandsia aeranthos
Altura y diámetro: hasta 30 cm

¿LAS HOJAS SE CAEN?

Es normal que estas plantas pierdan algunas hojas exteriores. Sin embargo, si pierde muchas, es que no está en el entorno adecuado.

💜 **SÁLVALA** *Arranca suavemente las hojas exteriores. Comprueba que las condiciones de luz, humedad y temperatura sean adecuadas (ver izquierda).*

AMOR DE HOMBRE

Tradescantia zebrina

Estas coloridas plantas son muy fáciles de cuidar y lucen mucho en un macetero colgante.

CÓMO **NO** MATARLA

 EMPLAZAMIENTO
Coloca la planta en una estancia que esté a entre 12 y 24 °C.

 LUZ
Ofrécele mucha luz indirecta. Tolera un poco de sol directo.

 RIEGO + ABONO
Riégala a discreción cuando los 2-3 cm superiores de sustrato estén secos; no dejes que quede empapada. Abónala una vez al mes en primavera y verano.

 CUIDADOS
Retira los brotes de hojas de color verde liso pues crecen con más fuerza que las coloridas y no son tan bonitas.

¡BICHOS!
(ver págs. 24-27) | El follaje es propenso al **pulgón** y la **araña roja**.

¿HOJAS NO JASPEADAS?

La planta no recibe sol suficiente.

♥ **SÁLVALA** *Retira las hojas de color uniforme y traslada la planta a un lugar más luminoso.*

¿TALLOS LACIOS?

Los tallos caen de forma natural, pero si están lacios es probable que se deba a una falta de riego o a la podredumbre de las raíces por exceso de riego.

 SÁLVALA *Deja secar solo 2-3 cm de sustrato entre riego y riego. Fíjate en si hay podredumbre de raíces (ver Enfermedades, págs. 28-29).*

CÓLEO
Solenostemon

El cóleo, de hojas vistosas, es fácil de cultivar y tiene las mismas necesidades que el amor de hombre. Si se vuelve raquítico, quítale esquejes.

Tradescantia zebrina

Altura: hasta 15 cm
Diámetro: hasta 20 cm

¿PUNTAS MARRONES?

El ambiente es demasiado seco o la planta sufre de escasez de agua.

SÁLVALA *Vaporiza las hojas cada 3-4 días. Comprueba que riegas la planta lo suficiente.*

¿CRECIMIENTO ESPIGADO O PÉRDIDA DE HOJAS INFERIORES?

Podría deberse a una falta de luz, de agua o de abono. Sin embargo, es más probable que la planta tenga ya unos cuantos años. Con los años, el amor de hombre se vuelve espigado y pierde las hojas inferiores.

SÁLVALA *Revisa la pauta de cuidados. Si la planta es vieja y no está bien, prueba a quitar esquejes de los tallos y plantarlos para que crezcan otras nuevas.*

YUCA

Yucca elephantipes

Esta planta de hojas puntiagudas y tallos en forma de tronco da un toque exótico al hogar.

Planta entera

¡BICHOS!
(ver págs. 24-27)

Propensa a los **insectos escama** y la **cochinilla de la harina**.

CÓMO **NO MATARLA**

✓ EMPLAZAMIENTO
Proporciónale una temperatura de entre 7 y 24 °C, no menos. La yuca no es exigente: tolera fluctuaciones de temperatura y soporta el ambiente seco. Mantén la planta alejada de los niños porque las hojas pinchan mucho.

☀ LUZ
Colócala en un lugar luminoso; soporta incluso cierta cantidad de sol directo. Si la pasas a un lugar soleado, aclimátala poco a poco.

💧 RIEGO + ABONO
Riégala con moderación de primavera a otoño siempre que los 5 cm superiores de sustrato estén secos. Riégala menos en invierno. Abónala cada dos meses en primavera y verano.

🪴 CUIDADOS
Limpia las hojas de vez en cuando con un paño limpio húmedo para que brillen y no se llenen de polvo.

¿HOJAS CURVADAS?

Puede ser falta o exceso de riego, o puede responder a una conmoción que haya sufrido la planta, como un traslado o trasplante.

☀ **SÁLVALA** *Asegúrate de dejar que los 5 cm superiores de sustrato se sequen entre riego y riego, y riégala de forma esporádica en invierno. Si tienes que trasladar la planta, hazlo progresivamente para que se aclimate.*

¿MANCHAS MARRONES O NEGRAS EN LAS HOJAS?

Las habrán producido bacterias u hongos.

☀ **SÁLVALA** *Retira las hojas afectadas y trata la planta con fungicida. Para más información, consulta Enfermedades, (págs. 28-29).*

Manchas negras

¿HOJAS AMARILLENTAS?

Es normal si solo ocurre en las hojas inferiores. Si afecta a toda la planta, probablemente se deba a una falta o un exceso de riego.

☀ **SÁLVALA** *Arranca o corta las hojas amarillentas. Ajusta la pauta de riego si es necesario (ver izquierda).*

¿PUNTAS MARRONES?

Es probable que se deba a un riego irregular.

☀ **SÁLVALA** *Riega la planta con más frecuencia, siempre que los 5 cm superiores del sustrato estén secos.*

¿TRONCO PODRIDO?

Si la corteza se pela y el tronco se pudre por la base, habrás regado la planta en exceso, lo que es especialmente fácil en invierno.

☀ **SÁLVALA** *Reduce el riego y no dejes que la planta esté en un sustrato frío y húmedo. Si el problema ha llegado demasiado lejos, será imposible salvarla.*

Yucca elephantipes
Altura: hasta 2,5 m
Diámetro: hasta 1 m

DRÁCENA
Cordyline australis
Este escultural arbusto necesita los mismos cuidados que la yuca. En verano puede estar en el exterior.

NOLINA
Beaucarnea recurvata
Este llamativo arbusto tiene necesidades similares a la yuca. Almacena agua en el tronco, por lo que no hay que regarlo en exceso.

ZAMIOCULCA
Zamioculcas zamiifolia

Esta asombrosa planta erecta es fácil de cultivar y poco exigente con el riego.

CÓMO **NO** MATARLA

EMPLAZAMIENTO
Déjala todo el año en una estancia cálida (15-24 °C). Tolera el ambiente seco.

LUZ
Si quieres que esté frondosa, ponla en una estancia luminosa sin sol directo. También resiste en lugares más oscuros.

RIEGO + ABONO
Riégala de forma que el sustrato se humedezca apenas y deja secar los 4-5 cm superiores entre riego y riego, todo el año. No lo dejes mojado. Abónala una vez al mes de primavera a finales de verano.

CUIDADOS
Limpia las hojas con un paño limpio húmedo para que estén relucientes y les llegue suficiente luz.

¡BICHOS!
(ver págs. 24-27)

Propensa a la **cochinilla de la harina** y la **araña roja** en el follaje.

¿HOJAS AMARILLENTAS?

La has regado demasiado o tiene el sustrato mojado, lo que podría provocar la podredumbre de las raíces.

SÁLVALA *Deja secar el sustrato. Si la ves muy enferma, mira si tiene las raíces marrones y mohosas, podridas. Retira las zonas afectadas y trasplántala. Para más información, consulta Enfermedades (págs. 28-29).*

¿MUCHAS HOJAS CAÍDAS?

Es posible que la planta haya sufrido si la has trasladado, tal vez de un lugar sombreado a otro soleado. Si no, quizá tenga las raíces demasiado mojadas o demasiado secas.

SÁLVALA *Aclimata la planta a un nuevo emplazamiento de forma paulatina. Fíjate en si el sustrato está demasiado seco o demasiado húmedo y ajusta la pauta de riego en consecuencia.*

¿MANCHAS MARRONES?

Son quemaduras solares.

❤ SÁLVALA

Lleva la planta
a donde no
le dé el sol
directo.

*Manchas
marrones*

**Zamioculcas
zamiifolia**

Altura:
hasta 1 m
Diámetro:
hasta 50 cm

CUIDADOS SIMILARES

PALMA DE IGLESIA
Cycas revoluta

*Esta planta ancestral existe
desde la época de los
dinosaurios. Dispénsale los
mismos cuidados que a la
zamioculca.*

CASTAÑO DE GUINEA
Pachira aquatica

*Suele venderse con el tronco
trenzado y precisa de
cuidados similares a los de
la zamioculca.*

BONSÁIS DE INTERIOR
Varios

Los bonsáis son árboles jóvenes pero parecen adultos en miniatura. El que aquí se muestra es un olmo chino, una de las muchas especies que se comercializan.

CÓMO NO MATARLO

EMPLAZAMIENTO
En la época de crecimiento, mantén el árbol a entre 15 y 21 °C. Trasládalo a un lugar más fresco en invierno (a 10 °C como mínimo). Evita colocarlo donde haya corriente o cerca de un radiador.

LUZ
Colócalo en un lugar luminoso, pero en verano evita el sol directo.

RIEGO + ABONO
En una bandeja poco honda, el sustrato se seca rápido; mantenlo húmedo pero no mojado. Lo ideal es regarlo con agua de lluvia. De primavera a mitad de otoño, dale abono especial para bonsáis.

CUIDADOS
Cultívalo en sustrato especial para bonsáis. Coloca el arbolito en una bandeja con guijarros llena de agua y vaporiza las hojas para proporcionarles humedad. Trasplántalo en primavera si las raíces han llenado la maceta. En verano, deja el árbol en el exterior.

¿SE VE RAQUÍTICO, CON HOJAS PÁLIDAS?

Es posible que el árbol no reciba luz suficiente, sobre todo en invierno.

SÁLVALO *Trasládalo a un lugar más luminoso. En invierno, los especialistas aumentan la luminosidad con luz artificial.*

¿HOJAS SECAS?

Las hojas secas y crujientes indican falta de riego.

SÁLVALO *Revisa la pauta de riego.*

¡BICHOS!
(ver págs. 24-27)

Suelen tener **insectos escama**, **cochinilla de la harina**, **mildiu polvoriento**, **pulgón**, **gorgojo** y **araña roja**.

¿HOJAS AMARILLAS?

Las hojas de los bonsáis caducifolios amarillean y caen en otoño. En otras estaciones y en los de hoja perenne, podría deberse a un exceso o una falta de riego, o a un abonado, temperatura o nivel de luz inapropiados. También puede suceder después de trasplantarlos.

☀ **SÁLVALO** *Comprueba que el sustrato solo esté húmedo y mira si hay podredumbre de raíces (ver Enfermedades, págs. 28-29). Asegúrate de cuidarlo como es debido.*

¿EL ÁRBOL PIERDE LAS HOJAS?

En otoño, los bonsáis caducifolios pierden las hojas. En primavera también puede haber cierta pérdida de hojas. En otras estaciones o en los de hoja perenne, la causa puede ser un cambio en las condiciones (como un trasplante) o unos cuidados incorrectos.

☀ **SÁLVALO** *Comprueba que el emplazamiento es el adecuado y que le dispensas los cuidados correctos (ver izquierda).*

¿PUNTAS DE LAS HOJAS NEGRAS O MARRONES?

Cuando las puntas de las hojas están negras, se debe a un exceso de agua o al frío.

☀ **SÁLVALA** *Traslada el arbolito a un lugar más cálido y revisa la pauta de riego.*

Ulmus parvifolia
Altura y diámetro: hasta 50 cm

¿ÁRBOL RAQUÍTICO O DEFORMADO?

Un bonsái siempre necesita que lo poden y dirijan su crecimiento para manejar su tamaño y forma.

☀ **SÁLVALO** *Retira un tercio de las raíces cada vez que lo trasplantes. Pellizca o poda las puntas verdes y recorta los brotes para que tengan uno o dos conjuntos de hojas en la temporada de crecimiento. Dirige el crecimiento de las ramas con alambre especial.*

ÍNDICE

SOBRE LA AUTORA

Veronica Peerless es autora y editora de obras de jardinería, en Internet y en papel. En gardenersworld.com colabora como editora, y ha sido directora adjunta de la revista *Which? Gardening*. Colabora en varias revistas de jardinería y estilo de vida, como *The English Garden* y el *Garden Design Journal*. Fue consultora de horticultura en *The Gardener's Year,* publicado por DK, cuando dio forma y redactó el contenido del libro.

AGRADECIMIENTOS

Autora: Muchas gracias a Christian King por su apoyo y sus inagotables tazas de té mientras escribía este libro.

Editorial: DK desea expresar su agradecimiento a Jane Simmonds por la corrección de pruebas y a Vanessa Bird por confeccionar el índice. También nos gustaría dar las gracias a houseofplants.co.uk por permitirnos hacer fotos de tantas de sus plantas: lanza africana, filodendro rojo, areca, crotón, cactus de Pascua, ficus lira, castaño de Guinea, guzmania, helecho canario, güembé, flor de cera, kentia, bambú de la suerte, cactus mistletoe, palma de salón, lengua de tigre, canción de la India, zamioculca y muchas otras que no aparecen en la versión definitiva del libro. Si deseas comprar plantas de interior, te recomendamos encarecidamente que visites su web. La foto de la calandiva es de Katherine Scheele Photography.

Créditos fotográficos: La editorial desea agradecer a las siguientes personas el permiso para reproducir sus fotografías.

(Abreviaturas: ar. arriba; ab. abajo; c. centro; i. izquierda; d. derecha)

5 Garden World Images: Nicholas Appleby (c. i. ab.). 10 Alamy Stock Photo: blickwinkel / fotototo (c. i. ar.). 43 Garden World Images: Nicholas Appleby. 116-117 Alamy Stock Photo: blickwinkel / fotototo

Todas las demás fotografías © Dorling Kindersley

Para más información, ver:
www.dkimages.com

TOXICIDAD

Algunas plantas de interior son tóxicas para personas y animales domésticos, y pueden ser peligrosas si se ingieren o si entran en contacto con la piel o los ojos. Para más información sobre plantas tóxicas, consulta con tu autoridad local.

GLOSARIO

Otros nombres comunes de las plantas

Adiantum raddianum doradillo, adianto, palito negro

Aechmea fasciata acmea, piñuela, bromelia, ánfora, urna griega

Aeonium aeonio, siempreviva arbórea

Agave maguey

Aloe vera sábila

Anthurium anturio, cala

Aphelandra squarrosa afelandra

Asparagus setaceus esparraguera fina, espuma de mar, brisa

Aspidistra hojas de salón

Asplenium nidus helecho nido de ave

Astrophytum ornatum biznaga de algodoncillo, liendrilla

Aucuba japonica aucuba, falso laurel

Beaucarnea recurvata pata de elefante, palma monja, apachite, cola de caballo

Begonia spp. xocoyoli, begonia

Billbergia nutans flor del poeta, clavel japonés

Blechnum gibbum helecho arbóreo enano

Ceropegia woodii ristra, enredadera rosario, rosario de corazones, farolito, ceropegia

Chamaedorea elegans palma camedor, tutchast, camaedorea, pacaya

Chamaerops humilis palmitera, margallón, palma enana, palmito europeo

Chlorophytum comosum clorofito, cintilla, hierba araña, lazo de amor, malamadre

Clivia miniata lirio cafre

Codiaeum variegatum croto variegado

Cordyline australis drácena indivisa, árbol repollo

Crassula ovata árbol del dinero, planta de jade, planta de la suerte

Cycas revoluta cica, palma de Sagú, palmera Sagú

Cyclamen persicum ciclamen, violeta imperial, violeta de los Andes, violeta de los Alpes

Davillia canariensis helecho del tubérculo, helecho Davalia

Dieffenbachia galatea, amoena, lotería

Dionaea muscipula venus, diana atrapamoscas, dionea

Dracaena fragrans palo de agua, palo de la felicidad, drácena, árbol de la felicidad, carey

Dracaena marginata drago de Madagascar, drácena cinta

Dracaena reflexa drácena, anita

Dracaena sanderiana bambú chino, bambú trenzado, siempreviva belga, falsa palmera, drácena, drago

Dypsis lutescens palma de frutos de oro, palmera bambú, areca, palma dorada, palma mariposa

Epipremnum potos, poto

Euphorbia pulcherrima pastora, pascuero, poinsetia, pascuero, estrella de Navidad, nochebuena, corona del inca

Euphorbia trigona árbol africano de la leche, cactus candelabro enano, euforbia

Fatsia japonica aralia, fatsia

Ficus benjamina ficus, laurel de la India, ficus de hoja pequeña, matapalo, árbol benjamín, falso laurel, benjamino

Ficus elastica gomero, ficus de hoja grande, ficus decora, árbol de la goma, gomero

Ficus lyrata árbol lira, ficus lirado, higuera de hojas de violín, ficus, pandurata, lirata

Fittonia cucarachita

Guzmania bromelia, matapalo

Gynura aurantiaca ginura, planta de terciopelo

Hedera helix hiedra española, yedra, hedrera, hiedra arbórea

Hoya carnosa flor de porcelana

Hypoestes paleta de pintor, hipoestes

Kalanchoe blossfeldiana calanchoe, escarlata

Maranta mano de tigre, maranta

Mimosa pudica mimosa sensitiva, vergonzosa, moriviví, planta de la vergüenza, adormidera, dormilona

Monstera deliciosa monstera, filodendro, filodendron, cerimán, balazo, mano de tigre, piñanona

Monstera obliqua planta que [...] suizo

Neoregelia carolinae var. *tric[...]* neoregelia, argelia, bro[...] chanti

Nepenthes jarra de mono, p[...] jarro, nepentes

Nephrolepis exaltata 'Bosto[...] helecho espada, helec[...] rizado

Nertera granadensis rucach[...] quelligüenchucaou

Opuntia nopal, tuna, tune[...]

Oxalis triangularis falso tre[...] planta del trébol mora[...] oxalis

Pachira aquatica abombo, [...] de agua, cacao de mo[...] cacao de playa, casta[...] agua, ceibo de agua, [...]

Peperomia obtusifolia pla[...] jade

Phalaenopsis orquídea m[...]

Philodendron bipinnatifid[...] filodendro paraguay[...] de mono

Philodendron scandens p[...] teléfono

Phoenix roebelenii palme[...] robelina, datilera en[...] palmera pigmea

Pilea cadierei pilia de pla[...] de aluminio, pilea

Pilea involucrata 'Moon [...] panamiga

Pilea peperomiodes plan[...]

Platycerium bifurcatum [...] cacho de venado, c[...] ciervo

Platycerium grande cue[...] venado, cuerno de [...]

Plectranthus hiedra sue[...]

Primula vulgaris prima[...] de oso

Pteris cretica helecho p[...] albolineata, helec[...]

Rhapsis excelsa palma [...] palmerita china

Rhipsalis baccifera cac[...] muérdago, cola de [...]

Rosa rosal enano, rosa[...]

Sansevieria trifasciata [...] san Jorge, lengua [...] rabo de tigre

Saxifraga stolonifera s[...] rastrero, saxifrag[...]